NRX

La Tempestad
o
El Refugio

Hagen

LA TEMPESTAD O EL REFUGIO

Primera edición: 2023

NRX

Autor:
Hagen

Presentación, edición y cubierta:
Israel Torres

Ilustraciones:
Carlos Alberto González Sánchez.

Ninguna parte de este trabajo puede reproducirse de ninguna forma ni por ningún medio, incluidos la reprografía y procesamiento informático sin autorización del autor.

Hagen, autor de diversos blogs, monografías, estudios e informes relacionados a las filosofías alternativas y políticamente disidentes ha formado parte de diversos proyectos y grupos anclados a las vanguardias y sobre todo a la NRX.

Índice

Prólogo 10
Presentación: 11
Introducción: 13
   Desde la Tempestad 13
I. Niveles de realidad 17
II. El hombre refugiado 22
III. Los Refugios 34
IV. La condición humana y necesidad de refugio: proyecto moderno 52
   El Refugismo y su evolución 52
   La evolución en el Vigor 58
V. La razón como Refugio 63
VI. El cuerpo como Refugio 81
   A) El cuerpo Fitness bello 81
   B) El cuerpo como Refugio de la comodidad y de placer ... 84
   C) Dinámicas de los Cuerpos-Refugio 85
VII. El hombre Vigorista 88
VIII. El Vigor y el Vigorismo 90
IX. Vigorismo aplicado 96
X. Vigorismo, Género y Sexo 100
XI. Paganismo Vigorista, cristianismo refugiado 104
   A) La culpa y la responsabilidad 105
   B) El placer y el deseo 108
   C) El símbolo y el poder 111
XII. La lucha entre Refugiados y Vigoristas 116
XIII. El abismo 119
Apéndice: Otros textos 122

I. Pornocracia 124
  A) Viva el alma, muera el sexo 124
  B) El capital, el comunismo y el posmodernismo 127
  C) Only Fans: estructura Pornocrática 128
  D) El miedo al sexo real 129
  E) Conclusiones puntuales 130
II. Espejo negro 132
III. ¿Crueldad y Competencia? 136
IV. Doruga 137
V. Viva la Muerte 140
  I. La muerte y la posición burguesa 140
  II. El sentido de la muerte y de la vida: el camino del samurái 145
  III. La muerte y el caudillo 149
  IV. Conclusiones: Viva la Muerte. 152
VI. El círculo y la flecha 155
VII. Sobre la dignidad de las mujeres 157
VIII. Ser y llegar a ser humano 161
IX. Heráclito y la ascesis del Vigor 163
X. El resentimiento político la moral del esclavo 170
XI. El mundo invertido del espectáculo 173
XII. El lamento de Dios 177
XIII. El eterno enemigo creador de mitos 178
XIV. Efímero 181
XV. 1611 184
XVI. El deseo de Buda 187
XV. El manifiesto del hombre Vigorista 190
Ensayos de Economía y Política 194
I. Teoría de sistemas 195
  A) El sociólogo del sistema: Nikklas Luhmann 195
  B) ¿Por qué se crean los sistemas? 196
  C) ¿Cómo operan los sistemas y cuál es su sentido? 197
  D) El ejemplo del Derecho 200

II. ¿Quién impone la ideología?.. 204

Introducción... 204
I. ¿Qué es Ideología?.. 205
II. ¿Quién Impone la Ideología?..................................... 207
III. Relación entre ideología, soberanía y los distintos poderes de la Unión, un caso del Ombudsman de Derechos humanos............... 208

III. Sistema económico neoliberal mexicano y las reformas constitucionales 210

I. Introducción... 210
II. El Sistema Neoliberal Mexicano: Características y efectos en los Derechos Humanos... 212
III. Reformas Neoliberales de la Constitución: el acoplamiento estructural... 215
IV. Conclusiones... 216

IV. Sistema político mexicano autocrático Neoliberal 218

I. Introducción... 218
II. Relación subordinada al Presidente: horizontal y vertical. 221
III. ¿Cómo es la actuación del Ejecutivo Federal hacia los derechos humanos y los demás Poderes de la Unión?.......................... 224
IV. Bibliografía... 226

V. George Sorel y el Fascismo como Marxismo radical 227
VI. Populismo como contrapeso democrático 229

I. Introducción.. 229
II. Métodos 230
III. Resultados: ¿Qué es el populismo?............................ 233
IV. Discusión: El populismo como contrapeso democrático........ 242
V. Conclusiones... 245

VII. El antisísifo 248

8

VIII. Hacia la NRX 252
    Parte Uno: Excurso necesario contra el orden posmoderno 252
    Parte Dos: La Neo-reacción 256
    Parte tres: La ilustración oscura 261
IX. La Camisa 263
Epílogo 267

PRÓLOGO

¿Es dispararse en el pie intentar estructurar conceptos de lo incomunicable? Ya hace mucho tiempo que el tábano ridiculizó al sofista.

Más el impulso existe, un vigor empuja con fuerza, ¡Un ímpetu inextricable fuerza el pretender la subyugación que el refugio del razonamiento sufrirá en su propio tablero! Y mientras los refugiados pretenden encapsular la realidad en burbujas de baba que reventarán tarde o temprano, el espíritu que se reconoce en el vigor atenta contra un campo de refugiados. La realidad es. La tempestad es. Ahí donde Juan 1:1 solo hay un reto, un juego. Todo espacio seguro es una invitación a corromperlo.

La naturaleza tempestiva avanza en estas hojas que vuelve de navajas y apuñala a quien busque palabras en ellas. No existe refugio infranqueable. El libro Vigorista no es una negación, es una expresión de la indiferencia caótica. Un libro que araña lo que no se puede encerrar en él es una violación indispensable en la cárcel del tiempo.

¿Es dispararse en el pie intentar estructurar conceptos de lo incomunicable? Sí. Hagen lo entiende.

J. A. ARÉVALO OSUNA

Presentación:

Existió una época en el que el ser humano fue abandonado a su suerte en un mundo inmenso e inexplorado y contempló las estrellas, el mar; miró con extrañeza a sus semejantes al reconocer su propia *Otredad*, tomó conciencia de su cuerpo, de su mortalidad, se dio cuenta de su fragilidad tras ver su sangre derramada sobre la tierra, y así partió a la nada, donde no existían huellas rastreables, donde no había historia, ni civilización, viajó por el sendero de los rayos del sol, sobrevivió a la tormenta, al clima salvaje de la naturaleza, vio a sus amigos morir, a sus hijos partir, entonces, ejercitó su cuerpo para enfrentarse a las bestias que parecían indomables, les dio muerte, bebió de su sangre, comió de su carne: sobrevivió. Éstos fueron los llamados Vigoristas, que, pese a la incertidumbre, se prepararon para la tormenta.

Los objetos comenzaron a tener nombres, las personas apellidos, las tierras comenzaron a distribuirse, nacieron las ideologías, los *ismos*; la palabra se convirtió en el perfecto asesino, pues mata a aquello a lo que da nombre.

El balbuceo fue sustituido por el lenguaje, nacieron los profetas, los hombres simularon el comportamiento de los dioses, se adentraron a sus cavernas, se explotaron entre sí, convirtieron sus cuerpos en monedas de intercambio, dejaron de fortalecer su cuerpo, se debilitaron, y comenzaron a vivir del esfuerzo de los demás, éstos son los llamados Refugiados.

El principio fue el final, aspecto que se nos contará en cada uno de los capítulos siguientes, describiendo a detalle las características del *Vigor* y el *Refugio,* los cuales, se acompañan y complementan con textos que alimentan la visión del autor.

Israel Torres

INTRODUCCIÓN:

DESDE LA TEMPESTAD

Encuentro necesario un carácter para la creación literaria, un carácter emboscado, individualizado y separado del resto, en mi caso y creo el de muchos más sentir la necesidad de explicar y publicar los más caóticos pensamientos sobre la vida, política, arte y demás sufrimientos que atravesamos en este valle de lágrimas. La necesidad de plasmar dichas ideas, fantasmas y proyecciones no asiste a ninguna necesidad más allá de una lucha constante contra la naturaleza, un ansia y deseo de sobrevivencia, que al final, lo más seguro no cambia ninguna flecha del destino.

Existen diferencias entre muchos órdenes eróticos y entre los sexos definitivamente, existen personas ancladas a la naturaleza, que, estando tan cómodas en ella no sienten ninguna necesidad de creación ni de construcción frente a la madre de madres.

Sin embargo, muchas personas tienen como fin una incesante lucha contra lo establecido, lo dado, lo cruel y lo trágico. La idea del héroe siempre va ser una lucha erótica, la búsqueda de la verdad una ilusión, pero es el comienzo de una batalla.

El arte como lucha contra la cruel naturaleza y sus tempestades es la única verdad de todo proyecto, no hay necesidad de ella en un estado en armonía con la madre, es por ello, que todo arte va nacer del trauma familiar.

Y justo hacia aquellas personas demasiado afortunadas para navegar fuera del Refugio cómodo de la indiferencia es a la que va dirigida esta obra, su origen, es, de hecho, motivado por un grupo y vanguardia particular: el Tempestismo.

La idea que motivo este manuscrito fue la del Tempestismo mexicano, movimiento de vanguardia literaria surgido durante la pandemia en las inmediaciones del 20 de abril del 2020. La idea del ensayo fue la de dar, desde mi punto de vista, un sustento filosófico a las ideas vertidas en el manifiesto Tempestista. Una idea, que, por amor a la madre de madres, deje a un lado.

Habría sido un error de mal gusto, por mi parte darle forma a lo informe, una mala parodia y un simulacro estético, pues el Tempestismo es el conjunto de personalidades tocadas por la marca de Caín, por decirlo de alguna manera; y que he convenido azarosamente a solo precisar que es el reflejo espiritual de la violencia, sexo y misticismo.

Y aunque me hubiera gustado de agradecimiento, ofrecerle a la Tempestad una obra de seriedad creativa y enorme valor literario: las piezas están echadas. Soy un académico y ensayista para el mundo de los Refugiados, tristes y normales que malviven fuera de sus cuevas, así que, si tengo algo de valor en redacción, lo haré desde la única forma que siento puedo hacerlo.

El presente libro está dividido en dos partes, siendo la primera la que se ocupa de una serie de esquema mental ideológico-filosófico propio, el cual, es sin duda, el resultado de la maduración necesaria que me ha inspirado el Tempestismo. La segunda parte, es un apéndice de textos sin ninguna secuencia o relación entre sí. Esta segunda parte, a su vez, está dividida entre textos más reflexivos, y una última parte de ensayos de carácter más "académico" de alguna forma; cabe señalar que pensé en eliminar esta última parte por desencajar en el tono del libro completo, pero un tempestista no haría eso y sería íntegro con sus propias contradicciones. Hago esta nota introductoria para prevenir al lector de lo que encontrará.

Curiosamente, siento que soy el más aburrido de los textos, y en el grupo de académicos soy el menos aburrido, una instancia entre la vigilia y el ensueño. Independientemente, de mis consideraciones propias, los temas de las reflexiones parten de mi idea propia y sin bagajes culturales externos de lo que significa para mí la tempestad y he decidido diluirlo en una visión propia: el Vigorismo.

Siempre he tenido la irracional y desconectada idea de que el movimiento, la hiperactividad y el ejercicio físico constituyen una especie de conexión mística con el desarrollo y constitución de una persona, al menos solo juzgo, de mi persona, me refiero a mí mismo. No encuentro otra palabra más inspiradora de este conjunto de cosas más que la del Vigor. Y creo que si mi marca, "autista "u obsesión íntima, es el Vigor, creo que los demás qué ocupan el mundo normal y decentemente determinado deben estar en un Refugio. La Tempestad está afuera.

Hacer, caminar, trotar, levantar, no dormir, explotarse, acelerarse, encaminarse, escribir, pensar, repetir, condenar; todo verbo, toda acción, toda vida, debe oponerse ante la estéril sedentaridad de los Refugiados que con recelo y encaminados por su borreguil y judaico código moral nos van a señalar y atacar.

Mencionar que la condena del mundo moderno y absurdo, es decor, el mito de Sísifo, es para mí, una bendición y que encontré un morboso placer al llevar la piedra hasta la cima y verla caer, ojalá verla caer. Mi mística es la del condenado.

Por último, quiero mencionar que los agradecimientos estarán disponibles en la parte final o Epílogo del presente texto. Que el Tempestismo me ha influenciado mucho también en mi tarea profesional, y desarrollo personal, que animo a todos mis camaradas y lectores a tomar parte de su visión de la tempestad y plasmarla, y que lean esté texto, ojala les traiga Salud y Victoria.

*El hombre no nombra realidades,
sino ilusiones, fenómenos y apariciones.*

Parménides

I. Niveles de realidad

La realidad, existencia, tiene en principio dos niveles; el nivel real, complejo, y el nivel social, simplificado o lingüístico. Empezaremos a explicar el primer nivel, es decir, el nivel complejo.

El primer nivel de realidad, es primigenio y absoluto, aduciríamos que contiene lo real de forma concreta, verdadero, auténtico, lo anterior debido a su nivel elevado de complejidad indeterminable, ininteligible para el ser humano en primera instancia, irracional, caótico, desordenado y oscuro, o al menos así lo calificamos y denominados en nuestro poco entendimiento. El nivel complejo está compuesto por todo el conjunto de la *materia, el espacio y el espíritu*.

Sin embargo, utilizamos el lenguaje para explicar esté nivel de complejidad, o al menos reducirla, pero nunca la entenderemos, siempre será ininteligible, básicamente, desentiendes menos al nombrar las cosas, más nunca aprendes más.

La *materia es* todo lo físico, compuesto de átomos, tangible, medible, degustable y transformable. El *espacio,* son las dimensiones donde se porta, comporta, o se introduce, o se encuentra la materia. El *espíritu es* la fuerza incorpórea, inmaterial, pero que converge entre la materia y las dimensiones del espacio. Es así como las ideas, la violencia, la voluntad, la esencia, el sentimiento y la realidad misma, así como el lenguaje, forman parte del espíritu.

Lo anterior, es la primera forma, el primer orden de la realidad, su indeterminabilidad es parecida a una tormenta, a un ciclón, terremoto y eterna explosión dinámica, tiene Vigor, de ahí el nombre del Vigorismo.

En cuanto al segundo nivel de realidad, el social simplificado o lingüístico, es aquel que conocemos y describimos, tanto de forma autónoma e interna, como de forma heterónoma y externa.[1] Se construye de forma colectiva y es compartida, existe un grado de referencia interna, esta es cuando está ligada a las sensaciones espontáneas, y psíquicas, autónomas al entorno o ambiente[2] ; y tienen, también, un grado de referencia externa cuando son transmitidas por imitación —mimética— e influencia social, como la educación, el aprendizaje, el diálogo y la lucha. Esté, es el nivel más amplio de realidad y común, como tal, se estructura como el primer "Refugio" al Vigor, es un Refugio contra la realidad compleja, un Refugio, o meta Refugio.[3]

A manera de ilustración, ejemplificaremos los dos niveles de manera breve y sencilla. El nivel de Vigor, se representaría en fenómenos como la muerte, el amor, así como, procesos de lo que llamamos física, psicología, medicina, así como los sucesos "paranormales", los conflictos internos y las emociones conflictuadas. Esto es el orden caótico natural. El Vigor es la selección natural, es la causante del desarrollo de la vida en la tierra y su evolución en el universo mismo. La generación de la vida es espontánea, pero mejor dicho es Vigorista.

El instinto de reproducción y la sexualidad misma es el reflejo y evidencia el motor caótico del Vigor. La violencia[4] tan necesaria para generar el orden y protegerlo; así

---

[1] En este sentido, es importante, recalcar, los elementos de la realidad social son la descripción interna y la externa, y de la realidad compleja, es la materia, espacio y espíritu. Para entender esto, las descripciones internas y externas son las creencias tanto que tú mismo desarrollas, como las que te influencia el ambiente y los demás, más adelante se desarrollara esté punto.

[2] Ambiente es el espacio, todo lo que está fuera del organismo vivo.

[3] Como tal, la realidad social es donde nacen los refugios y se pueden reproducir, ya que son construcciones del hombre para explicarse la realidad, pero puede entenderse como el primer refugio, el metarefugio.

[4] Violencia es la fuerza, o al menos ese nombre le damos, de forma vigorista es todo proceso necesario y absoluto en la existencia.

como los impulsos creativos que dan origen al todo. Así, el Vigor da origen a lo nuevo, como enfrenta y destruye lo viejo. El Vigor es la fuerza motriz de la existencia de la cual estamos bajo su merced.

Para ejemplificar el segundo nivel, encontramos que las llamadas "construcciones sociales" son todo nombre, toda racionalidad y toda forma de técnica para sobrevivir, esté nivel es propio del ser humano con capacidad de comunicación efectiva, puede ser, incluso, obras abstractas como una melodía o un gesto es el Vigor bajo prismas humanos. Estos constructos sociales, denominados en la doctrina Vigorista 'Refugios', constituyen la segunda naturaleza del hombre, su hogar, su Refugio bajo esta óptica. La familia política, sexo, ideología, nombres, ciencia y verdad son Refugios, así, por ejemplo, el hombre moderno se protege de la existencia persiguiendo la idea de felicidad, entendida socialmente, la felicidad, es un Refugio en sí mismo, pero reproduce otros subterfugios como "el placer es felicidad", "el poder es felicidad", el dinero, pareja, entre otros. Algo muy común es buscar un Refugio en el Otro[5] o consumó del Otro, siendo el hombre débil incapaz de valerse por sí mismo, se valora como los demás lo valoran.[6]

Así la realidad, es un gran campo que envuelve todo, esto es el Vigor. Dentro de éste se desarrolla todo lo demás. Para esquematizar lo anterior quedaría de la siguiente forma:

---

[5] Aquí entendemos "Otro" como una entidad fuera de ti misma.

[6] Puede construirse un refugio en sí mismo, pero esto también es una debilidad, el egoísmo, más adelante observaremos en el punto "El cuerpo como Vigorismo" como se construye una fortaleza que dependa en uno mismo.

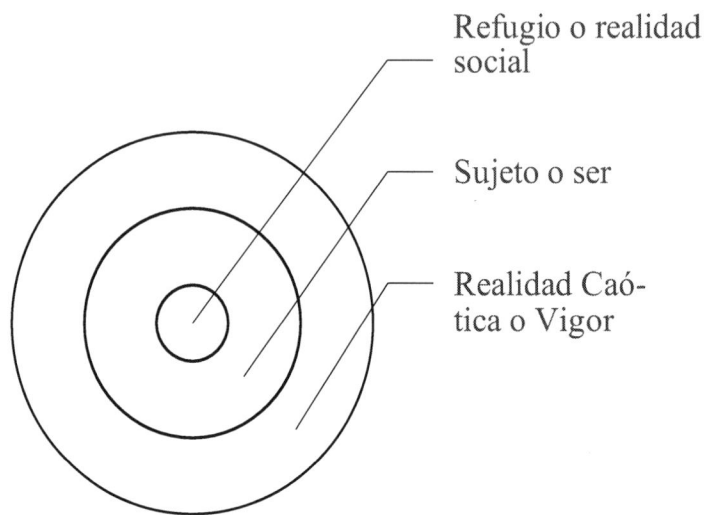

Esquema 1. Representación de los niveles de realidad.

Así, el hombre cree falsamente que si sigue una determinada idea podrá escapar de todo Vigor, pero esto solo lo arrastrará al hartazgo más abismal, se frustrará, convirtiéndose en un lastre para sus semejantes —quejumbrosos—, manchando la existencia. No se puede escapar al caos, pero el cobarde engaña y hace del Refugio una charlatanería empujando a otros seres a su destino.[7]

Recopilando, la realidad es caótica e inaccesible para el ser, parecida a una tormenta tempestiva. El hombre en su intento de comprenderla produce artificios lingüísticos racionales, les llamamos Refugios al Vigor. El débil absolutizara los Refugios, negando la fuerza del Vigor y teniendo, paulatinamente, la pérdida del espíritu y fuerza vital que habita en el nivel real *espíritu* convirtiéndose en un

---

[7] Por ejemplo: las religiones, que, al ser fanatizadas, creen encontrar una salida a la muerte, lo cual es falso y sólo los cobardes se dejan llevar por dulces mentiras.

hombre perdido o Refugiado en un obstáculo para la conquista del mismo espíritu por parte de los demás.

¿Cuál es la realidad fuera de los Refugios y de cara a cara con el Vigor? Pues es un abismo total y oscuro, en el sentido más relacionado con el conocimiento, ver la realidad es una gran angustia, de ahí la insistencia de la tormenta, es un espectáculo bello y caótico, pero al mismo tiempo es terrorífico, angustiante, estresante y poderoso. Al salir de los Refugios —como todo conocimiento aplicado—, no es íntegramente ser un *ser* vacío donde los conocimientos *nuevos* puedan adquirirse. Esto no es un budismo, yoga y reformulación programática de la mente, aquí no buscamos ser eficientes ni nihilistas para adquirir nuevos valores. Los valores son el mismo vacío de Refugios en sí mismos, salir y mirar al rostro, al absurdo, existencial, caótico, pero ordenado, es lo más sublime que un humano pueda experimentar, incluso los Refugiados lo llegan a sentir, al asomarse fuera de su Refugio de vez en cuando.

Esté abismo, invita a sumergirse en él como si de una copulación se tratase, es un abismo de realidad que engendra placer, engendra violencia y engendra Vigor, palabra para denominar todo ese éxtasis de vida que nace de él y que hemos identificado como vida.

II. EL HOMBRE REFUGIADO

El hombre Refugiado cuenta con su propio mito y genealogía en la doctrina Vigorista. Recordando que el Refugiado es aquel que teme al Vigor y la niega, su signo es la depresión inmóvil y estéril.

En un principio los hombres se refugiaban en cuevas para protegerse de la tormenta, de los depredadores, del clima y de los mismos hombres Vigoristas que los destruirán y consumirán. En dichas cuevas los hombres comenzaron su socialización y en tiempos de calma reflexionaron sobre su existencia, comenzando la evolución de su conocimiento. Los más fuertes salieron del Refugio a la caza de comunidad para la comunidad, enfrentándose al miedo mismo, realidad y abismo de las leyes naturales; pero esto anterior, una vez superado, fue lo que brindó alimento a la comunidad. Sin embargo, existieron hombres los cuales no tenían por voluntad aportar el sustento comunitario, por la pereza e inmovilidad, por el miedo, por su toma de decisión, por su constitución espiritual, física, genética o por cualquier otra razón, no importa, el caso es que existían. Estos hombres se ocultaban en las cuevas, incluso sacrificando su conveniencia social, y su salud física y Vigor.

En tiempos extremadamente crueles y duros, esté tipo de hombre, no abunda, puesto que las medidas extremas del ambiente lo requieren, son eliminados por el ambiente, incluso si están en sus Refugios/cuevas. Por otro lado, en tiempos más amables, los hombres Refugiados abundan en los grupos. Así, en estos tiempos, se reproducen los decadentes, débiles entre sus congéneres y mayor aún, totalizan las ideas del Refugio, de la debilidad y de la pereza. Muestran su Refugio como única ideología y vía para entender la existencia, conservándola sobre todo por el miedo al cambio/tormenta/realidad, relegando al hombre Vigorista que se opone al Refugio.

Algo que ilustra muy bien esta situación, es la selección natural, heredada de los grupos de hombres Vigoristas, que son el motor del cambio y la evolución. El hombre Vigorista evolucionó al hombre superior u hombre completo de las bestias; atlético, con mejores dotes físicas, mecánicos, intelectuales y funcionales, ávido de resolver los problemas y peligros que lo asechan, amante del trabajo y desprecio de la vida cómoda, pues ya sabe lo que depara.

De los hombres decadentes surge el hombre parasitario, inmerso en su cueva y Refugio, y chupasangre del hombre virtuoso, es decir, el hombre burgués. El burgués Refugiado tiene un carácter sedentario, cobarde y un sistema económico parasitario a costa de la energía vital del hombre Vigorista, todo ello por el miedo a vivir de forma real Vigorista. Muchos al salir de su Refugio tienen una única opción; la muerte, pues no soportan en ningún nivel la vida, la cual se rige a través de las normas del Vigor, esté deseo de la muerte, está calmado a través de Refugios dependientes.

Es por lo anterior, que se llaman Refugiados,[8] tienen una lógica particular, es la lógica de la pereza, miedo e inactividad, se rigen bajo el mínimo esfuerzo (por su debilidad) por ello simplifican su mundo con verdades y conjeturas ya hechas por otros, lo que les da el carácter de dominados.

Aquí habría que precisar, que el que disfruta del ocio y del descanso no es perezoso, ya que el descanso sólo se da cuando, una vez uno, valga la redundancia, se ha cansado, agotado, consumido. Y el ocio aparece cuando se juntan las energías creativas de forma positiva, no cuando no se piensa en nada, el ocio es la madre de toda idea. El perezoso, en cambio, no puede descansar si no hace nunca

---

[8] Popularmente denominados, burgueses, parásitos, débiles, inferiores, esclavos, *simps*, come soyas o toda denominación trae la esencia del refugiado.

nada, su "ahorro" es la patología de la codicia y de la retención, tanto de recursos, como de energía.

De igual forma, los Refugiados por su ignorancia total no distinguen entre *materia* y *espíritu*. Creen que la materia y el espíritu están divididas y no concuerdan, creen que pueden ser fuertes físicamente sin serlo de espíritu, o al revés, creen que el espíritu basta para hacer cambios perpetuos en el mundo sin la fuerza.

Los Refugios tienen el objeto de crear una artificialidad protectora frente al Vigor, pero tienen la consecuencia secundaria de traer la decadencia individual, colectiva, depresión, aburrimiento y sentimiento melancólico, la vulnerabilidad ante la tormenta que nunca acabara fuera del Refugio. Estos sentimientos son parte objetiva de la realidad, pero el Refugiado lo niega y en vez de encausarlo a un fin virtuoso, busca escape en otros Refugios, teniendo un efecto en capas y cíclico, esclavizándose a un más.

Para esquematizar el círculo visiono del miedo Refugiado, mostramos lo siguiente:

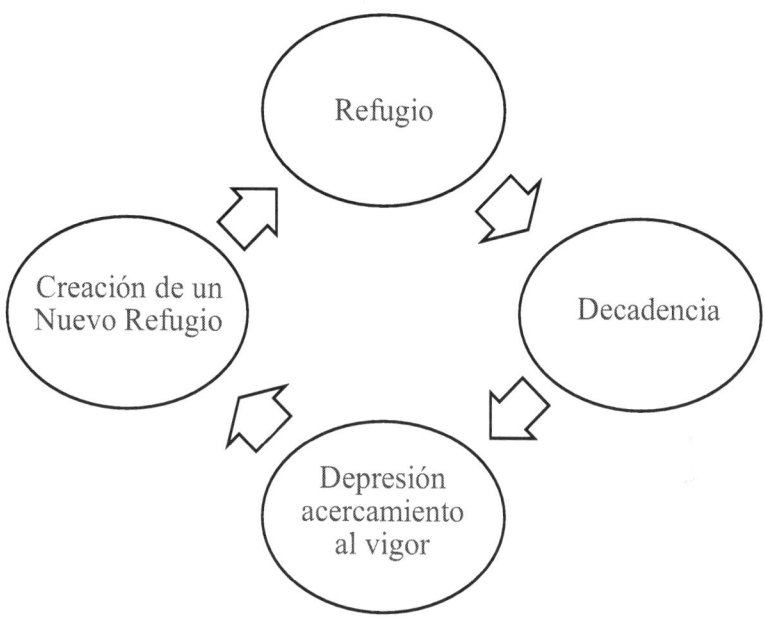

Esquema 2. Círculo vicioso del Refugiado decadente.

Al tener en cuenta lo anterior, los hombres Refugiados son recelosos del hombre Vigorista y han construido toda una serie de mitos en torno a él para tratar de vencerle, pues su miedo es insospechadamente grande, la cuestión, reside en que, la felicidad produce la grandeza y el Vigor y/o humor, la grandeza a la bajeza le produce envidia, la envidia es la causa de la mentira y el Refugio y la infelicidad, así se recorre, esté ciclo vicioso del hombre Refugiado, el único culpable de su tristeza es el mismo.

Uno de los Refugios más comunes y primordiales es el Refugio del "individuo". La creencia básicamente apunta a la dimensión "individual del ser" o como cosa cerrada, autosuficiente, apartada, innata y pura en sí misma; el creer que el ser individual es un ente independiente, apartado y sin relación con el ambiente y con el otro. Esto anterior puede traer una sensación de poderío y libertad, pero la realidad es que ese individuo pierde potencia, ya que no existe sin una mirada del Otro, aunque sea de forma violenta. No existe, es sólo una reacción y Refugio al miedo. Que no se pueda vivir sin el Otro no es una visión, sino un hecho natural. El Otro sólo existe la visión del Uno y viceversa, y sobre todo por la dependencia física, emocional y material que tenemos hacia el Otro, ya que desde una etapa recién nacida dependemos de nuestra madre, y durante muy buena parte de nuestra vida esa dependencia sigue con la familia, así como en la edad adulta, necesitamos de una estructura social para vivir. Lo anterior, a diferencia de los animales que, desde mucho más jóvenes, son autosuficientes, y, aun así, hay especies que son adeptos a la manada y parejas como la langosta; es más, ni siquiera las bacterias o los gérmenes son ajenas a esta ley caótica, ya que necesitan de un ambiente y otro para subsistir.

Ciertamente, esté Refugio, no se puede sostener por sí solo, sino que además se sostiene con relación a otros Refugios, en forma de capas, ese fenómeno es nuestra visión de alineación.[9]

Uno de los Refugios conexos que fortalecen la visión del Refugio del individuo, es el Refugio del materialismo como felicidad automática. La conexión es sencilla, si la felicidad es el bien más preciado, los hombres, preferirían sobre su dignidad o *thymos*[10] y orgullo, esclavizándose por las ideas de felicidad fácil. Si existe la falsa creencia de que los bienes materiales traen felicidad, es entonces que el hombre se deja esclavizar por ellos en busca de esa falsa satisfacción, que sólo es momentánea en ciertos bienes.

---

[9] Un sujeto ideologizado, esclavizado y que vive en su burbuja irreal.

[10] La palabra *thymos* de origen griego, que quiere decir espíritu, o deseo de reconocimiento, superación, orgullo y amor a uno mismo en forma abstracta, no material.

La función del Refugio material con el individual, es sinérgica[11]. Por ejemplo, en una sociedad capitalista, el excedente de capital y la capacidad de contratar a otras personas, puede darle la falsa ilusión de ser autosuficiente por "valerse por sí mismo" y ver a los demás como objetos y herramientas, esto es falso, puesto que él solo tiene valor para dichas personas por el bien material. Pero no como persona, ya que en cualquier momento puede ser destruido, solo por Vigoristas que valoren más su dignidad que su bien material proporcionado por el patrón. Sólo los Refugiados se dejan esclavizar, a esta realidad llama "la realidad laboral", pero ese sujeto patrón no es autosuficiente, sin la contratación, y con ella, depende del otro.

Otro Refugio conexo, sería el de la felicidad misma, como fin último indispensable para existir. La felicidad, como un bien anímico, es escaso, no abundante, pero en sus escasos está el valor, y no está condicionado a ningún objeto, así como el mal (en este caso la miseria) la felicidad no es excusa, genera miseria, pues no es felicidad, y es aburrida y hartante. No es el bien más disfrutable.

Creo convenir que el bien de mayor valor es el orgullo, *thymos* o dignidad propia. Es decir, la satisfacción de ser como quieres ser y vivir como en realidad eres, esas dos pautas en equilibrio, de ahí la importancia de la antigua enseñanza de Delfos "conócete a ti mismo". Para darte un real gusto a ti mismo, que alimentan los *thymos* con la realización, expresión y exaltación. Sin embargo, entendemos el porqué del hombre Refugiado de escapar del orgullo y la exaltación del espíritu, es decir, la práctica del *thymos*, ellos no es que carezcan de *thymos*, sino, que desconocen su identidad, no puedes exaltar algo en desconocimiento.

Al no conocer su identidad, sus gustos, tienen como identidad la que da el otro, el de la masa, así, siguen modas,

---

[11] Es decir, que se retroalimentan entre ellos y se fortalecen, generando una dependencia o simbiosis.

siguen normas, siguen un ídolo establecido, y la mayoría funge su identidad en él consumó, ya que es igual de flexible, vacío y complaciente como su actitud vacía, éstos actúan conforme al Refugio de donde se aferran. Esté apego se le denomina Eros, lo cual es lo contrario del *thymos*.[12] Este punto, es el que caracteriza al hombre Refugiado, no es un ser humano en pleno desarrollo, es inmóvil, es anti-dinámico, y es totalmente amorfo, como la masa social. Es inmóvil ya que es sencillamente miedoso con el simple hecho de mirar acrobacias fuera del Refugio, es decir, no aspira nada más que a la comodidad en su esfera de existencia; es anti-dinámico por qué el Refugio no progresa ni se mueve, simplemente está, no se adelanta al tiempo ni reflexiona en su no existir, si no cree en el infinito. Aquí debemos adentrarnos a explicar esto, incluso con ejemplos.

Lo que hace a la existencia, existir, básicamente, es el límite de su existencia, es decir, la muerte, el fallecimiento y final de algo, es lo que le da el carácter de existencia, le da una temporalidad, la sitúa en la historia y le da identidad. Algo inmortal, algo que escapa o niega la muerte, es totalmente inexistente, no tiene un ser, es algo líquido y vacío, la identidad de la existencia, del ser, es la muerte. Miremos a los burgueses miedosos y obsesionados con la juventud y las cirugías plásticas, ensimismados, escapan de la muerte, aunque esté intento es patético, no son auténticos, sino que en esa compulsividad por existir dejan de existir realmente, patéticamente terminan deprimiéndose. Al contrario, el hombre Vigorista busca agotarse y acabarse de la forma más vital posible, cabalga hacia la muerte.

---

[12] Aquí habría que convenir, que debemos utilizar el concepto Eros como el deseo de consumo y arraigo a un ente fuera de ti, material, humano, físico e incluso espiritual, que no dependa de ti, es por ello que el amor es un refugio por naturaleza, un refugio sin voluntad.

El miedo a la muerte es el origen del exceso de consumo de mercancías vacías por parte de los hombres Refugiados. En un principio existe un miedo arcaico en el corazón de todos los hombres, nos referimos a la finitud y el final, es decir, la muerte. Ante el miedo de dejar de existir nuestro sistema primitivo y de base irracional e instintiva, tiene ciertas reacciones, la fundamental es sobrevivir, ante el miedo a la muerte reaccionamos con la lucha por supervivencia.

Originalmente, existieron tres formas de reducir el miedo a la muerte, que de la misma forma son formas de supervivencia o sobrevivencia humana:

- Éxito social;
- Reproducción sexual, y
- Mantenimiento de la juventud o salud física

En tiempos primitivos, la forma más rudimentaria de enfrentar y superar la muerte es protegiéndose con el grupo social, con la manada, la unión hace la fuerza y el grupo de seres humanos, lo es todo, nos brinda protección, resguardo, sentido de pertenencia, identidad y hasta un sentimiento de competencia que te hará más fuerte, la sociabilidad que no es lo mismo que el poder social. El grupo y el poder social en algún punto se confundieron, y se entremezcló con el poder estatal, las modas, el mercado, la mente de colmena y de pastoreo.

Es ahí donde el consumismo, toma la idea del éxito social como repelente de la muerte y vende productos, mercancías, servicios y formas de vida e ideas, pero no por su utilidad, sino por el significado y "estatus" que brindan, así pueden ser ropa, celulares, autos, formas de vida y actividades que nos "harán populares" cabe mencionar que estos productos son bastante vulgares y comunes, normales.

La segunda forma de "evitar la muerte" o tratar de reducir el miedo y ansiedad a ella es la reproducción sexual y el sexo.[13] El sexo es vendido como idea de placer, pero más allá de eso, se inserta en nuestro miedo inconsciente a la *muerte* y a *desaparecer*, el deseo de sobrevivir a través de nuestros vástagos y nuestra herencia genética es indudable, de ahí que los miedosos hagan ver en el sexo algo sagrado más allá de lo real. Incluso sacralizan las relaciones interpersonales de pareja, hacen ver en el amor una salida a sus problemas, cuando solo entran a un círculo patético de dependencia hacia su pareja o bien compran todo producto destinado a ese placer sexual. No obstante, el placer sexual una vez satisfecho crea una mejora psicológica emocional en los sujetos, algo que el Refugio no quiere, es por ello que muchas veces lo sustituye por un falso o sexo o peor aún por un consumo de comida incesante. El Refugista, es dependiente a la pareja, dependiente al consumo pornográfico y dependiente a la comida.

La tercera forma de evadir nuestro absoluto destino es mantener la vida a toda costa, aunque esto es obviamente imposible, muchas personas lo intentan sin cesar, quedando a merced de los dueños y productores de la industria de la eterna, pero falsa juventud, las cirugías, los gimnasios, sustancias rejuvenecedoras entre otras constituyen un pilar del Refugio y de la decadencia material de nuestra época.

El Vigor físico no es negativo[14], de hecho, es un pilar del enfrentamiento al Vigor y al caos bendito, no obstante, el falso movimiento, el movimiento cómodo dirigido a un fin estético, a una norma, a un amo, a un Refugio, es bastante impotente, estéril, inservible, y sobre todo

---

[13] Posteriormente, hablaremos del sexo como satisfacción y de cómo se pervierte en una pornocracia falsa, por ahora la mencionamos como método para reducir el miedo de muerte.

[14] Véase el Manifiesto vigorista y el capítulo Vigorismo de este escrito.

dependiente de la valoración ajena. Debes mantener tu Vigor por ti y nada más por ti y tu sobrevivencia, no para ser un pedazo de carne, en un escaparate para valoración y crítica ajena. Los Refugiados son así, se valoran —y esto se repetirá— conforme los demás lo valoran, obviamente con estas prácticas dan todo su trabajo, dinero y voluntad a los amos del Refugio y del capital social.

La última característica que observamos del hombre Refugiado es su forma-amorfa, es una masa sin identidad, sin entidad, sin existencia, es parecida a muchas personas conformando un gran todo amorfo y nada estético. Muchas personas refugiadas tienen el idiolecto[15] igual que la gran mayoría, de hecho de forma no irónica, si una de esas personas deja de existir, habría muchas personas más igual que pueden remplazarlas, así como de igual forma se ven igual, actúan igual y en si no tienen valor existencial, son como un gran río que fluye y sé remplaza asimismo cuyo valor es instrumental, ninguna gota perdida es un desperdicio, más bien en su masificación (conjunto de gotas hacen un río) es en sí mismo un río que ayuda como rio, pero no en valor individual, así como en la tierra, el aire y las partículas, en la sociedad valen por seguir modas y consumir del sistema, pero en realidad no existen individualmente, son insignificantes. El Refugio funciona aquí como sistemas de adiestramiento cuyo fin es trasmitir a las siguientes generaciones contenidos cognitivos o Refugios para vivir de forma sitiada.

Hasta aquí se ha entendido que el Refugiado es el humano que a través de construcciones sociales llamadas Refugios se esconde de su propia existencia y finitud, siendo no auténtico, miedoso, débil y cómodo. Se esconde, metafóricamente, tras estos Refugios del Vigor, es decir, de la

---

[15] Idiolecto es la forma de comunicarse propia de una persona, una forma muy propia, estilo, jerga vocabulario y ademanes.

realidad y su incongruencia, su caos, sus limitaciones, y también le es negada a estos seres el placer y satisfacción del *thymos*, ya que no se puede acceder al *thymos* sin conocerse, y para conocerse debe de adentrarse en el conocimiento de lo desconocido, lo cual es y será siempre, navegar junto al Vigor, ya comienza a tener sentido la envidia de los esclavos[16] por el amo Vigorista.

---

[16] **NOTA IMPORTANTE**: los Refugiados son los que están inconscientes en el Refugio y los observan como vicios, formas de ser, filosofía de vida, profesiones, obsesiones, sueños e ideologías y se anclan al Refugio y no salen de ahí. Los Refugistas son los que, desde una posición de poder, estando dentro o no de él, aprovechan a los Refugiados para seguir reproduciendo el refugio y tener una vida parasitaria.

III. LOS REFUGIOS

Existirán tantos Refugios como ideas mentales, se aferren los Refugiados, sin embargo, y es el tema que compete son los Refugios de base, o bien los Refugios primigenios, el *Yo* el *Estado* y la *Familia*. A su vez existen Refugios secundarios como el *amor*, la *juventud*, el *dinero*, la *moral*, entre otros.

Explicaremos en la medida de lo posible todos ellos, con la previsión, de que todo Refugio, tiene las siguientes características:

I) Es una construcción ideológica social;
II) Tiene un valor "absoluto" como verdad, dogma o naturaleza, y
III) Es utilizado por la mayoría de los hombres como consuelo por su inferioridad existencial.[17]

Los Refugios funcionan como instrumentos de ideología tanto expresiva como represiva. Expresiva ya que difunde ideas que forman las falsas doctrinas de los Refugios, intentando fomentar su uso y su verdad. Son represivas, porque intentan limitar las conductas de los Vigoristas, debido a que las conductas Vigoristas erosionan y expulsan al hombre Refugiado de sus Refugios, situándolos en un ambiente dinámico que terminara destruyéndolos y acabando con su eterna pereza.

Más adelante, explicaremos la pereza como sistema previo y necesario para que los Refugios prosperen.

El primer Refugio primigenio es el *Yo*, el *Yo*, es el reflejo del ser como existencia, literalmente el error de identificar nuestra existencia con una unidad —dicha unidad es

---

[17] Más adelante, cuando describamos al hombre vigorista, ahondaremos en el carácter de existencia como característica

el *Yo*— donde se depositan dos códigos, el primer código es el *Ego* como forma interna psicológica del *Yo* y el segundo código es el individuo como forma externa psicológica del *Yo*, a su vez el individuo puede tener varias etiquetas; persona, hombre, mujer, anciano, niño, gordo, profesionista etc., depende su función social. Sin embargo, tanto el *Ego* como el individuo es un error tener como base una unidad separada, es decir, el *Yo*.

Para esquematizar lo antes mencionado nos referiremos al siguiente diagrama para hacerlo más explicativo:

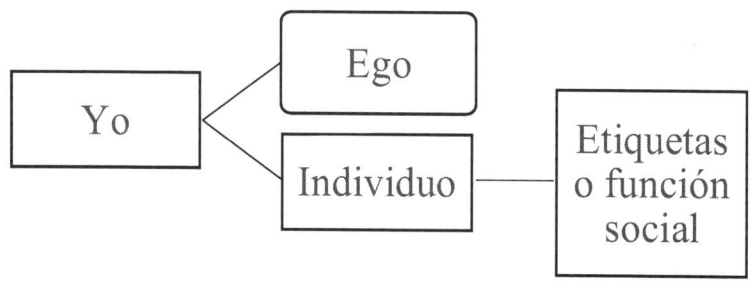

Esquema 3. El Refugio del *Yo* y sus códigos.

Bien, el *Ego* como código del *Yo* tiene una alimentación a través de otros *Yo* que, por reflejo, denominamos *ello* (o sea, ellos y yo) el *ego* se comunica a través de una codependencia emocional de la percepción del *ello*, por así decirlo, el *ego* se valora en la forma en que el *ello* —Otro— lo valora, teniendo aquí el sesgo de otros Refugios, como el dinero, la fama, la reputación, entre otras cosas débiles y codependientes. Esta relación entre el *Yo* y sus componentes, es cíclica y en conjunto, no por fases, así que el *ego* alimenta al individuo que a su vez con sus etiquetas sociales alimenta al *ego*. Sin embargo, en la necesidad del *Yo* con el *ello* (o el *Yo* con el *Otro*) existe la primera aparición de la falacia de este Refugio.

El individuo sólo existe en la medida que el *ello*, otro individuo, u el *Otro* lo reconozca como tal, esto es lógico. Es decir, si no existe un límite el *Yo* no sería *Yo* sino todo, y tampoco habría *ello*, pero al depender del otro *Yo,* no existe él individuo como forma potencial del logro existencial, está dependiendo de *Otro* y a su vez no llega a ser un individuo ni una unidad por esa misma dependencia con el otro. El individuo es un concepto, al ser un concepto, es decir, lenguaje, se necesita actividad cognitiva, lo cual es una actividad intelectual espacial en primera instancia con el ambiente y segunda instancia con el lenguaje con otro, en tercera instancia con otros que acepten ese lenguaje. El individuo es social por esa razón, pensar que el individuo existe fuera de lo colectivo es como pensar que el hombre y la mujer nacieron por gracia de dios, que en todo caso dios en este caso también es *Otro*.

La confusión del individuo con el *Yo*, y con el existir real, o sea el *ser ahí*[18], se da por la confusión de los significados de los signos antes mencionados; así todo individuo es un yo y viceversa, pero todos ellos fueron alguna vez un ser ahí, pero ya no son ser ahí, lo que da una confusión entre el individualismo social o libertario, es decir el

---

[18] En este sentido, el filósofo que más acercado a una visión del ser más pura, es Martin Heidegger. En suma, su teoría filosófica consta de preguntarse ¿qué es el ser? Rechazando toda respuesta de que el ser es el "yo", "conciencia", "pensamiento", "organismo" y "vivencias" con esto rechaza toda tradición filosófica desde Platón hasta Hegel. Heidegger rescata ideas de los presocráticos como Anaxímenes, Anaximandro, Heráclito y Parménides. La respuesta más cercana desde Heidegger a la pregunta del ser es que el ser es cuando no se le toma como tal, a esté efecto temporal se le denomina "ser ahí" es decir, una existencia completa y auténtica antes de toda apropiación por el lenguaje, una idea primigenia, fuera de toda existencia establecida, antes de que el ser sea "ser ahí" es un ente por sí mismo, un fenómeno, todo es fenómeno y a este método de estudiar la realidad se le denomina fenomenología. Consideramos que filosóficamente el Vigorismo bebe mucho de la filosofía de la fenomenología.

que necesita aprobación y consenso con el entorno social del individuo exclusivo y real, o sea el *ser ahí*, a éste último le denominamos el anarca es decir el que ya no puede *ser ahí*, pues ya ha sido contaminado y desarrollado en un contexto social, el anarca aun sabiendo esto, rechaza la construcción social y crea su propio y auténtico existir el puente entre el anarca y el ser ahí ideal, es el hombre Vigorista.

El Vigorismo individualista o anarca, no es querer que los demás te respeten, sino aceptar lo social y darle un significado nuevo al *Otro*, por ejemplo: no respetarlo, darle un nuevo significado y destruir totalmente su significado ante el entorno, es decir, su moral. Ahora veremos cómo éste "individualismo" confuso se explaya en formas más grandes y organizadas socialmente.

El reflejo del *Yo* es el *ello*, de forma aumentada el *ello* toma formas que se llaman instituciones, como la sociedad y el Estado, justamente ese es el segundo gran Refugio: el Estado. Antes de explicar el punto del Estado como un gigantesco reflejo del *Yo*, debemos establecer que esté carácter ficticio y falso del *Yo*, no es un rechazo al espíritu propio, justamente no estamos proponiendo que el camino correcto es la masa social, la conformación al grupo, la desintegración de nuestra identidad existencial frente al otro, no, justamente es lo contrario el *Yo* es *individualista* pero no es individual, toda vez que para existir necesita aprobación, observación, subyugación de otro, o sea de un entorno social, el yo es un término colectivo no es identitario ni egoísta,[19] sino parasitario.

La estructura social es el conjunto de individuos, no una conglomeración de identidades y hombres existentes, sino de individuos, en suma, con la misma raíz falaz que le da

---

[19] El hombre Vigorista es egoísta en un sentido de exaltación de la esencia existencial, que no es un yo ni su individualidad, sino espíritu, entre otros, lo más cercano para llamar a esta esencia existencial es "estar ahí" o *Dasein* en alemán, propio de la fenomenología de Heidegger.

origen al individuo, pero revestido de una forma gigantesca, esta forma es el Estado con el *Gran Otro* o "autoridad" el Estado es la base o Refugio de donde se materializa la economía parasitaria de los Refugiados.

El Estado como Refugio institucionalizado, es la imposición del Refugio de sociedad por medio de la fuerza total, esto es, a través de incluso el mismo lenguaje y la aplicación de violencia de un grupo sobre otros, llámese ejército, policía, y medidas de prisión, son las instituciones que reprimen cualquier intento de salirse del Refugio Estado/Economía, el Estado sólo es el vigilante de la Economía, dos Refugios simbióticos que se necesitan el uno al otro, esto es para conservar a los débiles y parasitarios con su modo de vida Refugiados. Explicaremos el funcionamiento de este complejo Refugio.

La base de legitimidad del Estado es la ley o normas, el derecho, las reglas escritas que regulan la conducta humana, es decir, permiten, obligan y facultan a los hombres dentro del Estado, en este sentido el Estado son sólo normas escritas, es decir, un orden jurídico objetivo, piénsese en una lista de reglas inquebrantables, piénsese en lo más sencillo como los diez mandamientos. Ahora quien está obligado por este orden jurídico objetivo está sujeto a ello, por eso el sujeto de normas jurídicas es el ciudadano, *Persona*.[20] La persona no solo está obligada por este ordenamiento jurídico objetivo, sino que en caso de desobedecerlo existe un órgano represor de fuerza pública, la policía, el ejército y las prisiones, cuyo funcionamiento y origen es la ley misma. Pero esto no funciona solo con represión, también funciona a través de una desposesión de la acción de defenderse, nadie puede hacer ley por su propia

---

[20] *Persona* es un concepto legal, no es un humano, persona con origen de significado "mascará" es el rol dentro de una sociedad, incluso hay "personas morales" término legal para denominar a las empresas. Entiéndase persona dentro de las etiquetas o función social.

mano, solo el Estado, el Estado tiene el monopolio de la violencia, es decir, obliga a los sujetos a no moverse, a no reaccionar, a quedarse en el Refugio.

Para justificar la patética actitud de perdida de libertad y de nuestra acción de defendernos, el Estado otorga otros derechos para acudir a él y "acusar" al agresor y resolverlo con la fuerza del Estado, así garantiza su importancia y su existencia, otra forma más para quedarse en el Refugio estatal. Estos derechos de "acusación" se denominan derechos subjetivos, es decir, facultades, o sea permisos o pequeños "poderes" que tienen los ciudadanos y personas para acudir al Estado y resolver sus problemas.

Hasta aquí, se ha descrito el funcionamiento del Refugio que no deja que lo abandonen, pero ¿qué protege el Estado, que conductas con las que podemos acusar para que el Estado nos castigue? La respuesta es obvia, toda conducta que vaya contra las relaciones mercantiles-capitalistas, es decir, la economía, todas las conductas estatales están pensadas, valga la redundancia sobre otro Refugio, el de la propiedad, incluso cuando hablamos de derechos subjetivos lo hablamos en términos de propiedad "tengo derecho" "es mi derecho" etc.; las conductas prohibidas y punibles son las que salgan fuera de la conducta de producción vender, generar, gastar, propiedad y comprar, o sea, contra el consumismo capitalista.

Las facultades de iniciar un proceso legal contra otra persona, es decir, "acusar" "denunciar" o en términos legales "ejercitar la acción" es sólo cumplir con el papel de súbdito vigilante, un Refugiado que acusa a otro de querer salirse del mismo, básicamente al más puro estilo de la caverna de Platón. Entonces, los derechos subjetivos se revelan como pequeñas concesiones de poder otorgadas a los ciudadanos con el fin de cumplir la función de vigilar que se cumpla el ordenamiento jurídico, y que no se alteren las relaciones comerciales de plusvalía y de esclavizamiento del trabajador a la economía de propiedad privada. El Estado es la economía y viceversa, el mismo Refugio, diferentes caras o aristas.

El Estado no puede funcionar siempre desde la megaestructura del *Yo* que es, necesita de fragmentación para poder penetrar la ideología refugista de inmovilización del espíritu, para ello debe conservar la idea de propiedad privada y de mercantilismo, para ello hace uso de un modo simplificado estatal: la familia.

La familia se funda bajo la orden del Refugio más palpable, siendo la forma de heredar la riqueza y conservar privilegios, así como dominar frente al trabajo capitalista al hombre, esto bajo las agentes femeninas de la esposa, así como la orden de producir en primera instancia nuevos súbditos (niños) cada nuevo nacimiento es un ciudadano que pagara impuestos, nuevo vigilante y nuevo productor a su vez de más familias.

Está familia, como buen mini-estado, tiene órganos de represión, estos son morales o de corte religioso, a este tipo de colectivización de valores le llamaremos judeo-cristianismo, o moralismo. Los valores de la familia son valores encaminados a la consumación del sexo con el cónyuge, que mezclado con el Refugio del "amor" trae consigo la esclavización del hombre Refugiado, el miedo a la soledad, y la necesidad de sexo —como de cualquier otra necesidad— trae un sometimiento a la familia, la familia es la cadena más observable de un Refugio.

La familia tiene su resguardo en otra institución, parecido a la simbiosis de la economía y el Estado, en el caso familiar es la iglesia. La iglesia es la comunidad de ciertas familias o matrimonios reunidas bajo una serie de creencias y dirigidas por líderes de culto a dichas creencias, en el caso de la moral judeocristiana, defienden una serie de valores que degeneran las necesidades naturales y los valores supremos, es decir todo valor que libera del Refugio.

Nietzsche menciona este sistema ideológico como la moral del esclavo y la moral de los señores, donde estos últimos son reprendidos por una serie de valores creados por los esclavos con base a los valores originales que reflejan lo sublime; por ejemplo, la compasión, es vista como un sentimiento que frena el ánimo de poder del señor o poderoso, o la empatía que limita la potencialidad creativa de un señor, o bien la humildad que limita el ánimo de orgullo, disfrute y felicidad de su misma esencia del señor.

El moralismo trata de encapsular y reprimir los impulsos naturales de saciedad del hombre, recordemos que los principales pecados capitales satanizan necesidades humanas del hombre, e incluso las decodifican en formas degeneradas que atan al Refugio.

De esta forma, la necesidad de satisfacción sexual, es retratada por el moralismo religioso como lujuria, lo cual atenta contra el espíritu según por desviar el fin del sexo al placer, es decir, que para los moralistas refugistas, lo correcto sería tener sexo para dar un nuevo súbdito al Estado, solo aprueban las relaciones productivas para el Estado y los parásitos refugistas de economía capitalista.

En este sentido, el mundo moderno no niega, como en el pasado, la satisfacción de esta necesidad, pero la entregan de forma degenerada, es decir, de forma artificial. Para seguir con el ejemplo, la necesidad de satisfacción sexual, antes demonizada como lujuria, ahora es otorgada de forma artificial con la pornografía, simulación sexual, lo cual trae frigidez y represión queriendo satisfacerla más y cayendo en estas formas artificiales, que, para colmo, son productivas a la economía.[21]

---

[21] Tecnologías de poder cada vez más individualizadas y complejas ayudan a estas formas de necesidades artificiales degeneradas, en el caso de la satisfacción sexual, por ejemplo, se encuentra la pornografía privada u *Only Fans* donde mujeres al cosificarse como mercancía totalmente venden la idea del deseo personalizado a personas que pagan por ello, satisfaciéndose de forma

La segunda necesidad es la de la voluntad de poder, de orgullo, de superación, ascensión y en último término: de vivir. Esta es negada desde el diseño principal del Refugio, es decir, desde la conformación del *Yo*, dependencia al otro por medio de la relación mercantil y sujeción al Estado. Esté deseo que se quiere reprimir por el miedo y saña de los refugistas a la vida con todas sus letras, es retratada bajo el moralismo como soberbia, según esto una falta de respeto hacia el único ser que tiene derecho a vivir que es Dios[22] los demás solo a existir; Esto es claro un intento de reprimir la voluntad de los hombres y mantenerlos en el Refugio sin ascender.

La forma degenerada artificial de la necesidad de voluntad, es la vanidad y exaltación del *ego*. El *ego* es la forma sintetizada entre el *Yo* y otro *Yo* u *ello*, esto es que es la voluntad dosificada y limitada que se me permite mantener en un entorno social. Está voluntad limitada a veces es más o menos dependiendo la persona, así en personas excepcionales se les permite una mayor cantidad de ascensión y ésta, es aplaudida o aceptada por otros; tras lo cual engrandece el *ego* de la persona cayendo en la vanidad, la vanidad es el reconocimiento de la voluntad por parte de lo social, en resumen, una persona vanidosa se valorará y se sentirá orgullosa en la medida que los demás lo hagan.

La pereza como pecado capital es un tema especial, ya que desde el Vigorismo denominamos el origen del Refugio a la inmovilidad, que decidimos nombrarla así para diferenciarla de la estigmatización religiosa del descanso, o

---

artificial está necesidad creando no solo más dependencia y la no satisfacción real, sino nuevas formas de relaciones mercantiles.

[22] Para el Vigorismo, así como para la fenomenología no es lo mismo vivir que existir. Nietzsche ya había distinguido estas dos visiones en su metáfora del último hombre" que describía una forma de vivir automática, sin pasión, sin peligro, sin gusto y en el mero fin de vivir por vivir con miedo al cambio y al fin, esta forma de vivir era una existencia sola y pura sin vivir en realidad. Así distinguimos el existir con la existencia auténtica o vivir.

sea la pereza, haciendo esta distinción, proseguiremos a analizar la pereza. El descanso es parte del movimiento, así como la reflexión de la creatividad, forma parte del ciclo de la fuerza y del entrenamiento, de la respiración y de la ascensión del espíritu, forma parte de los silencios, de la armonía orquestal, del Vigor.

Esta es negada por el moralismo bajo el pretexto de la improductividad. Es decir, en el sistema capitalista estatal refugista, se debe siempre ser explotado, producir algo para vivir, estar bajo las órdenes de un patrón o un mandatario para sobrevivir y comer, esto es diferente a cazar tu comida o ir por tu objetivo, en el Refugismo está todo controlado incluso la necesidad de alimentación para ello debes generarle mayor riqueza algún patrón parásito, esto es el mandato del trabajo y de la enajenación de la productividad.

Un buen ejemplo de cómo se hace incluso un privilegio o derecho el trabajar, se encuentra en el lenguaje del Estado, o sea el derecho: desde las clásicas formulaciones de los derechos civiles tenemos incorporado a los derechos el derecho al trabajo. Como si el martirio del trabajo en una fábrica o algo peor es elevado a la categoría de "derecho" ¿de dónde viene esté derecho? De la voluntad divina o de la naturaleza, desde luego, nunca desde el diseño del poderío de los parásitos refugistas. El trabajo enajena al hombre y lo desvía de su potencial libidinal y de creatividad, encerrándolo en una cárcel existencial, así un ejemplo del trabajo desde el anarquismo alemán tardío:

> Después de siglos de adiestramiento, el hombre moderno ya no puede imaginarse, sin más, una vida más allá del trabajo. En cuanto que principio imperial, el trabajo domina no solo la esfera de la economía en sentido estricto, sino que también impregna toda la existencia social hasta los poros de la cotidianidad y la vida

privada. El *tiempo libre*, ya en su sentido literal un concepto carcelario, hace mucho que sirve para la *puesta a punto* de mercancías a fin de velar por el recambio necesario.[23]

Es por ello, que dentro del sistema del Refugio social enajenado el trabajo es explotación, tras este sistema donde el trabajo es satanizado e irónicamente denunciado, también es un imperativo moral, por ello el trabajo más demandante y físicamente extenuante es menospreciado, tanto económicamente como culturalmente, un obrero hoy en día es un fracasado, un campesino es una paria social, un carpintero, herrero, albañil es sinónimo de clases bajas e ignorantes. El trabajo intelectual es visto como un poder de clases altas, cultura, técnica, mejor calidad de vida y mayor ganancia. La realidad de las cosas, es que ambos son esclavizantes e indignos, pero los primeros gozan de una fuerza vital que los segundos jamás tendrán, todo forma parte del engaño del Refugio. Al ser satanizados estos trabajos se hace una oda y una idolatría al tiempo perdido, al ocio y a la inmovilidad, el consumo compulsivo de la comida, el no gasto de calorías y el sedentarismo, encerrados en un cuarto, sin moverse, esto es "descanso".

El descanso es demandado como la inmovilidad total, no es visto como un ritmo o cadencia de trabajo, esfuerzo y descanso, trabajo, esfuerzo y descanso, no para nada de lo anterior vale. El descanso es visto como toda necesidad artificial, como un consumo incesante, exagerado y en derroche.

La cuarta necesidad que el Refugismo degenera es la de la alimentación, la de consumir sustancias de nuestro entorno para optimizar las funciones vitales, físicas, metabólicas. Está necesidad no es vista como tal, sino como el

---

[23] Manifiesto contra el trabajo Grupo Krisis.

lujo, hay un dicho muy cierto: "el consuelo del pobre y del esclavo es la comida" en efecto, la alimentación sustituye a cualquier otra necesidad por las sustancias placenteras de dopamina que segrega nuestro sistema endorfina al consumir ciertas sustancias o comida. El Refugio sabe de esta situación, y la aprovecha exagerando el consumo alimenticio y sintetizándolo en sustancias placenteras, por ejemplo, la mayoría de comida a la venta o procesada contienen una cantidad exagerada de azúcares y otros aditamentos, siento el único alimento aprovechable y consumible, trayendo consigo un físico y mente defectuoso, antiestético y miserable que solo propaga la esclavitud al Refugio.

La criminalización de la necesidad alimenticia, en un primer momento fue una estrategia para satanizar todo placer posible, teniendo una visión de vida de mártir y de degradación humana. El moralismo actual con la comida es mucho menos satanizante, ya que ha sabido manejar de mayor forma la esclavización al placer y hedonismo que el castigo y represión.

El pecado de la envidia corresponde a la necesidad de luchar con el otro, esta es la necesidad más atacada y falseada de todas. En un primer momento, es falseada por no corresponder al deseo real de la necesidad, la envidia es vista como el deseo del fracaso hacia el otro, sin embargo, no es lo que pasa en realidad, la envidia se usa como subterfugio para evadir la confrontación con el enemigo, incluso con el amigo que desea medir sus fuerzas de forma violenta. La envidia, es utilizada como un arma de doble filo, denunciada para evadir la confrontación y a su vez fomentada para que el sujeto se refugie en lo exterior y no aproveche y desarrolle su potencial propio, enajenándose en las cosas, aptitudes y objetos de los demás.

La ira es la satanización de la violencia, la denuncia de la fuerza. La real necesidad de someterse a la violencia está en nuestros genes, en nuestro sistema interno, en nuestro alrededor, la violencia genera orden y vida. Imagina tus procesos metabólicos, son violentos, destruyen moléculas y sustancias para generar otras. Imagina el sexo es violento, la creatividad lo es, la lucha lo es, el conocimiento y dialéctica lo es, la violencia es la madre y padre de todas las cosas. El Vigor es violento.

Afirmemos una cosa, la virtud es impotente, sin terror, y el terror sin virtud es caos, en todo caso, cualquiera que sea el camino que elijamos, no hay nada sin la violencia y el terror. El concepto de *Terror*, lo cual se define como el miedo extremo o pánico, en griego Fobos el cual es el vocablo de donde deriva la palabra fobia y en la mitología era uno de los hijos de Ares, el dios de la guerra, el otro sería pena. Pero es necesario el terror incluso para enmendar los errores, la justicia es enmendar un error, la virtud debe ser acompañada de violencia para que llegue a ser tal.

Desde los albores de la humanidad, los sabios han visto esta realidad como norma de la existencia. Heráclito afirmaba: "La guerra de todos es padre, de todos Rey; unos los designa como dioses, a los otros hombres; a los otros esclavos; a los unos libres". Leyendo estas viejas fábulas Heraclitianas, esto es tal vez la única arma contra la todopoderosa fortuna y azar natural: la violencia y la lucha. Y esto no sólo desde el nivel de lucha por la política, libertad y economía, sino a un nivel cósmico.

El sabio de Éfeso, nos dio la pista, pues la oposición lo gobierna todo. Por ejemplo, uno es libre por no someterse a nada más que su voluntad. Al someterse a su voluntad se es esclavo de esta misma. Si no fuese sometido a su propia voluntad, no fuese libre, si no sería esclavo de otra voluntad ajena a la suya, que a su vez lo libera de su misma voluntad, y así y así se justifica que la libertad absoluta no existe, sólo existe la lucha.

La violencia y la fuerza impregnada en las acciones no destruyen, sino que construyen un orden y armonía digna de una orquesta. Lo contrario concuerda y de los discordantes nace la más bella armonía y pues el universo se produce gracias a la discordia.

A nivel primitivo, la violencia también tiene su divina función, la supervivencia sobre la muerte y la persecución de la victoria sobre ella, es el eje rector de la violencia primitiva. El peligro de ignorar la violencia sería tan grave como una enfermedad que merma las defensas del sistema inmunológico. Los hombres que ignoran esta lucha son una carga para todos nosotros, el mantenimiento de los Refugios nos cuesta a todos, y nos hace perecer. Ignorar la violencia, es un estado de servidumbre y de personas mansas, desde el nacimiento estas personas han sido sometidas a un control refugista totalmente extremo, diseñado para obligarle a obedecer normas desde el Refugio y la razón.

La necesidad de violencia, es la necesidad más odiada por los moralistas judeocristianos, la más condenada y la más peligrosa para sus fines, esta necesidad rompería el Refugio y abriría el camino para el Vigor total. El único resultado de la ignorancia de esta necesidad es el perecer de la existencia, la muerte, la inmovilidad, la depresión y el suicidio.

Si esta necesidad se posee y se satisface, podrá satisfacerse todas las demás, todo lo erótico, es decir, lo posesivo, sucumbe ante la violencia, toda mujer, toda materia y todo Vigor. Debes ser violento, debes moverte y actuar ya.

Durante siglos de cristianismo y judaísmo moralista, la humanidad ha olvidado sus necesidades violentas, cayendo más en la degeneración del deseo, en la falsa satisfacción del consumo tras ello, padeciendo las enfermedades más troces para su cuerpo y para su espíritu. Estas enfermedades son funcionales al Refugio, pues te atan más a él, como por ejemplo la obesidad es la enfermedad perfecta, te inmoviliza, te vuelve horrible, te debilita, te engancha al consumo aún mayor para evadir la realidad y te aleja más a la consumación de las necesidades reales. Tras esta falta de violencia, la cobardía y el victimismo sale a la luz. No es una violencia estratégica al estilo de las heroicas guerrillas, sino una no violencia, un lloriqueo constante y una estrategia de los débiles, los esclavos, pusilánimes, y los mediocres. La estrategia degenerada de la ira actual, los bancos de coraje e indignación se desarrollan mediante una violencia ritualizada, histriónica, escenificada y artificial. Las controversias actualmente se solucionan por la vía legal, la vía dramática.

Para poder reclamar alguna controversia hacia otra persona ya no se puede ejercer la ira de primera mano, se debe buscar al Estado y recurrir a sus autoridades, tribunales, abogados, simulando la guerra, ya que él tiene el monopolio de la violencia. Pero es una forma de control y de simulación que degrada la violencia real, controlando las conductas de los Refugiados y en cuanto uno solo vaya contra lo establecido, es destruido "civilizadamente" mediante la denuncia social, la reputación, la posibilidad de no acceder a la vida económica, en resumen, te vuelves un paria social —y a mucho orgullo.

Los movimientos de acción en la actualidad siguen esta forma de violencia degenerada, de victimismo y cultura de la denuncia, los "movimientos radicales" actualmente son satisfechos con sólo realizar actos simbólicos, bailes, performance, videos musicales y arte de mal gusto, en efecto, movimientos como el feminismo, el LGBT,[24] "lucha" de esa forma, y es por ello que sus objetivos en vez de ser alcanzados son cooptados y comprados por los dueños del capital y de los Refugios, transformándolos en formas nuevas de dominación y de pastoreo humano. Aunado a lo anterior, también crean una victimización y formas de lucha

---

[24] Es decir, el movimiento por los derechos de la diversidad sexual de Lesbianas, Gays y Transexuales, entre otras "identidades sexuales".

basadas en el berrinche y la denuncia sin acción, muy eficientes para no salir de los Refugios, para seguir dormidos y dominados.

Por último, defender la necesidad de lo material es imperativa, "no sólo de pan vive el hombre" refrán de los moralistas judeocristianos para negar el acceso a la propiedad pública, natural y absoluta. La propiedad es como una mujer, pasiva y necesita de violencia, fuerza, voluntad y conquista para ser aprovechada. Los árboles no crecen solos, ni la cosecha, ni los alimentos o la carne degustada, se necesita trabajar para transformar la materia, cazar el alimento, esforzarse por apropiarse de lo natural.

El hombre refugista cree que en la propiedad abstracta dada por un papel estéril y tinta negra cree en los derechos de propiedad, herencia, bursátiles y de especulación, que el bien "capital" (un montón de papales y metales con grabados estúpidos) trabaja por sí sólo y se multiplica sin esfuerzos, dichos bienes no valen nada. Peor aún, el refugista capitalista piensa que el derecho subjetivo ampara su posesión de tierras y de bienes naturales, cuando dichos bienes son aprovechables por cualesquiera que tenga la fuerza para trabajar y aprovechar los recursos, ¡ES EL CAMPESINADO! El verdadero señor y maestro propietario, el trabajador que con su energía y Vigor transforman la realidad, la materia lo construido por el Vigor para adecuarlo al consumo humano, no la banda de parásitos refugistas que chupan los bienes de la tierra.

Se necesitan recursos para vivir, pero en vez de buscar y luchar por los recursos esenciales al Refugiado, se le impone el consumo de bienes frívolos, inútiles, inservibles y derrochantes. Los deseos de posesión y conquista son denunciados como avaricia, pero la avaricia no es un pecado de retención, o sea de acaparamiento, más bien es de conquista. En cambio, el materialismo impuesto si acapara y niega él consumó útil, a su vez, propaga la idea de consumismo extremo, o sea, derroche y exceso. Todo lo anterior puede relacionarse a través del siguiente cuadro, donde en primer lugar está el Pecado, la necesidad y la forma degenerada artificial de esta misma:

Pecado	Necesidad	Forma degenerada artificial
Lujuria	Necesidad de satisfacción sexual	Pornografía y simulación sexual, represión y frigidez
Soberbia	Necesidad de voluntad de poder y *thymos*	Vanidad e inseguridad ante la opinión del otro
Pereza	Necesidad del descanso frente al movimiento	Ocio y la inmovilidad, sedentarismo
Gula	Necesidad de alimentación	Comida chatarra, compulsión y consumó
Envidia	Necesidad de lucha con el otro	Inseguridad y falta de identidad y/o carácter
Irá	Necesidad de fuerza y violencia	Victimismo y cultura de la denuncia
Avaricia	Necesidad de reconocimiento de necesidad material	Codicia al materialismo, consumismo de materias

Los Refugios han sido instaurados por los hombres, en un momento defendidos por los Reyes y las Iglesias, actualmente por el Estado y los Mercados, pero todos estos forman un mismo ente: el Refugio. Aquella institución destinada a frenar la potencia y superioridad del hombre, sobre todo drenar sus fuerzas espirituales. El Refugio se ha ido instaurando para beneplácito y dominio del Refugiado, aquel ser miedoso e inferior de forma real, aquel cobarde que no tiene posibilidad real de ver al Vigor ni mucho menos dominarla. Aquella moral de esclavos tiene un origen que entremezcla lo real y lo metafórico, junto con lo necesario e incluso lo natural. Una buena reflexión y retrospección sobre lo que es la ideología como Refugio puede encontrarse en el autor Ragnar Redbeard en su obra *El Poder da la Razón*:

> El socialismo, el cristianismo, el democratismo y el igualitarismo, son realmente los ladridos y lloriqueos de una raza conformada por muchedumbres de mestizos[25]. Aúllan en voz alta durante las intervenciones públicas, protección para la humanidad que sufre, regulando el grano de los molinos, por decirlo así: el Estado es para ellos su gran ídolo supremo, su Dios y señor, su todo en todo, su gran *Panjandrum*. Pobres y engañadas malas hierbas. En realidad, la maldición de Dios está en la medula de los huesos en cada latido de sus agonizantes corazones.[26]

A partir de ahora, todo Vigor girará en torno a los hombres, sus Refugios y sus acciones destinadas al centrífugo de la historia. En un principio las necesidades de construir y habitar estos Refugios anteceden a lo humano, pero lamentablemente somos demasiado humanos aún para darnos cuenta de que podríamos vivir más libres, más auténticos, más fuertes y mejor.

---

[25] Aquí no hay que ver la "raza" en sentido mítico, esto también es un refugio, sino la raza en sentido biológico, es decir, la constitución física, mental, emocional y espiritual de cada hombre.

[26] Texto del capítulo once de "El Poder es la Razón" de Ragnar Redbeard.

IV. La condición humana y necesidad de refugio: proyecto moderno

El Refugismo y su evolución

El origen del Refugismo tiene un mito ancestral, un mito, que puede ser observado de forma científica, antropológica y filosófica. Fue el siguiente:
El hombre es un ser deficiente y deficitario, orgánicamente desvalido, la naturaleza no le dio órganos especializados capaces de adaptarse de forma natural al medio ambiente. No tiene, como otros animales órganos especiales de ataque, defensa o huida. No tiene pelaje denso y grueso para el frío, ni tampoco está preparado para la intemperie, carece de alas para volar, branquias para bucear, aletas para nadar. Frente a esta falta de especialización orgánica, el animal-hombre se ve obligado para sobrevivir, a devenir en un ser cultural.

Lo anterior, significando que, ante la posibilidad de adaptarse, se debe producir un medio ambiente menos lesivo, un "medio ambiente cultural" o artificial, permite producirse a sí mismo con relativa independencia del mundo orgánico. Se constituye así, pues una segunda naturaleza, sustituyendo su deficiencia orgánica, se constituye un Refugio.

Es fundamental un concepto que cumpla un papel central en este proceso: la técnica. Dada su constitución biológica, el hombre no podría conservarse dentro de un entorno natural tal como es él, de primera mano, se ve obligado a modificarse prácticamente de cualquier realidad natural, contra cualquier enemigo natural.

La técnica o *techne* o *arte* es el término que engloba la destreza, la competencia, el entrenamiento y habilidad alcanzados por los hombres para construir su "segunda naturaleza" o Refugio una "sobre naturaleza". Es imposible que el hombre sobreviva sin la ejercitación organizada y metódica que le permita luchar con la eficiencia en contra de la naturaleza interna y externa.

Sin el desarrollo de las prácticas coordinadas y disciplinadas, sin la pericia y la especialización, el hombre sin su Refugio hubiera sido borrado fácilmente por la naturaleza interna y externa.

Sin el desarrollo de las práctica coordinadas y disciplinadas, sin la pericia y la especialización, el hombre sin su Refugio hubiera sido barrido fácilmente por la naturaleza, por el Vigor.

La técnica, en este caso, no son las herramientas que el hombre fabrica, sino el conjunto de acciones coordinadas estratégicas, reglamentadas y orientadas al logro de una finalidad y meta precisa. La técnica es producto de la inteligencia práctica del hombre, aquella que le permite disponer del entorno y someterlo a sus necesidades vitales. No es, entonces que el hombre haga uso de la técnica, sino que el hombre es en sí mismo, un animal técnico. La técnica no es algo agregativo o adicional, externo al hombre, sino que es interno, constitutivo del animal humano. A consecuencia de su infradotación orgánica del hombre se ve abocado a pensar y actuar técnicamente. Y esta habilidad compensatoria, es lo que le permitió devenir en la evolución al *homo sapiens*.

Así, la técnica es un conjunto de acciones racionales que permiten al hombre la producción de un medio ambiente artificial, unos Refugios. Esto anterior, incluye transformaciones que el hombre debe hacer sobre sí mismo y sus propios productos, los Refugiados distancian frente a la naturaleza, los Refugios distancian frente al Vigor.

Esté relato, nos lleva entonces hacia el mundo de las primeras hordas primitivas, tribus y formaciones humanas, aquí es el momento cuando comienza el distanciamiento y la separación del hombre con la naturaleza, aquí comienzan los Refugios frente al Vigor. Desde la primera caverna, el primer Refugio en un sentido literal; también la horda es el primer espacio ya no natural, la horda es un Refugio por ser un entorno artificialmente producido. El fin perverso, el fin de todo Refugio es la producción y la crianza de seres humanos.

Los Refugios son espacios de seres humanos criadores de otros seres humanos. El único fin del Refugio es transmitir a las nuevas generaciones de hombres un repertorio de habilidades técnicas que permitan la salvaguarda del Refugio mismo.

En este orden de ideas, toda sociedad es un proyecto refugista, en el sentido que debe extraer de sí misma la protección por la cual ella misma se hace posible. Los hombres habitan el espacio y Refugio que ellos crean, tanto en el pasado como en el futuro, toda sociedad, todo ha sido un Refugio, solo el yo más primitivo y arcano, el *dasein* primigenio es libre.

El Refugio es la producción artificial de comportamiento de hombres por otros hombres. Un pastoreo que se sistematizó y radicalizo con la *Ilustración* y el comienzo de la sociedad literaria[27] que soñó el depravado elitista y mitómano de Platón. Ya dijimos antes que el Refugio es una especie de incubadora donde se cría un ser capaz de habérselas con el mundo (Refugio). Pero ocurre que tan pronto la horda primitiva deviene sedentaria y moderna (es decir, habitan en casas y comienza la propiedad privada y clases sociales), el proceso de "cultura" se convierte, necesariamente, en un mecanismo de selección. Desde luego, no gracias a la selección natural, divina, perfecta y

---

[27] Nos referimos por supuesto a la sociedad occidental posterior al invento de la imprenta que hizo accesible la lectura a todos los estamentos de la sociedad, trayendo consigo el adoctrinamiento del hombre bajo la "educación".

Vigorista, sino de la creación de un *habitus*[28], de unas formas específicas de comportamiento social, establecidas a partir de relaciones jerárquicas de poder (artificial, o sea, de dinero, no de fuerza). Estaríamos entonces frente a un conjunto de dispositivos a partir de los cuales algunos comportamientos humanos, considerados peligrosos para la supervivencia humanos, considerados peligrosos para la supervivencia del grupo o del Refugio, son inhibidos, mientras que otros son desinhibidos.

Inhibición y desinhibición de conductas, son entonces, filtros artificiales de selección que hacen posible la crianza de un ser capaz de vivir "civilizadamente". Hacer del hombre un animal capaz de "cumplir sus promesas", como planteaba Nietzsche, significa que son los hombres mismos quienes desarrollan históricamente una serie de técnicas orientadas hacia su auto-crianza y auto-domesticación. Técnicas que, a través de la repetición y automatización, los capacitan para controlar y "amansar" sus pasiones animales.

Así, la técnica del Refugismo inhibe los comportamientos superiores y de ascendencia, es decir, Vigoristas, de orgullo y superioridad física-intelectual, de falta de valores, o sea de ganas de orgullo y de superar lo establecido. Desinhibe los comportamientos inferiores, débiles, cristianos, piadosos, miedosos y sumisos.

El primer ejemplo palpable de Refugismo[29] como ideología es el humanismo, esté supone el compromiso explícito de algunos hombres por rescatar a otros del Vigor o

---

[28] Forma de ser, costumbres, conductas deseadas, moral, cultura y frenos a la naturaleza humana animal.

[29] Toda ideología que fortalece los refugios, es decir, los "ismos" de los refugios, el cristianismo, democratismo, igualitarismo, elitismo, progresismo, pacifismo, comunismo, constitucionalismo, moralismo, feminismo y varios ismos decadentes.

barbarie mediante el adiestramiento sistemático.[30] El humanismo es un instrumento para la domesticación y amansamiento del hombre por el hombre, con el fin de reprimir sus tendencias animales. En cuanto su objetivo el humanismo quiere hacer de las bestias Vigoristas hombres civilizados, el humanismo funciona como el Refugismo técnico, operado por una elite débil de esclavos y criadores. Podemos rastrear sus inicios en los siglos I y III de la era cristiana en el seno del Imperio Romano y que buscaban combatir las influencias embrutecedoras del paganismo bárbaro, pero han existido muchas otras, la conquista de América, el combate a las tribus indoeuropeas, el ataque al Imperio Mongol etc. En realidad desde que un hombre antiguo se quiso quedar en la cueva y en su cómodo pedazo de tierra, desde ese instante nació el Refugismo frente al Vigorismo.[31]

Otro ejemplo de Refugismo es el modernismo que trae consigo el estatismo, el adiestramiento de unos hombres sobre otros experimentan un cambio fundamental. El elemento clave para este cambio es el nacimiento del Estado moderno en los siglos XVI y XVII, ya que con el surgimiento de nuevas tecnologías de gobierno emerge aquello que Foucault llamó las etapas de la política. Así es la evolución del Refugismo, de forma cronológica se puede decir que se radicaliza de forma aditiva, cada vez son más los refugistas y Refugiados que defienden la estructura de la esclavitud.

---

[30] Adiestramiento porque está pensado en un esquema superior e inferior, como se entrenan a las bestias para reprimirlas, un esquema que fomente la apertura y superación entre iguales es el entrenamiento, no el adiestramiento.
[31] El refugismo opera entonces como el intento de formar una minoría selecta de alfabetizados inferiores capaces de resistir a la masa de superiores atletas.

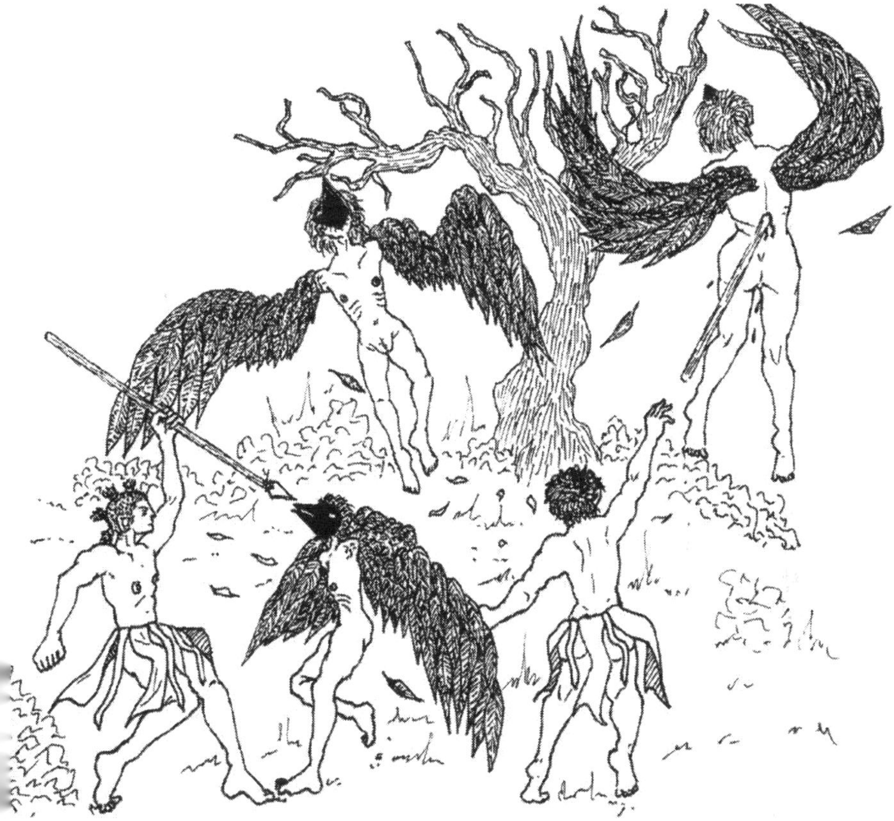

LA EVOLUCIÓN EN EL VIGOR

Tras el último relato y sus argumentos, en explicación a esta necesidad de Refugio y evolución, existe otro paralelo poco explorado. Este es el camino del no Refugio, la explicación de los hombres fuera del Refugio, su evolución fuera de ellos, solos en el Vigor.

En un inicio, cuando los hombres descubrieron la letal zarpa del Vigor, formaron los llamados Refugios. Al inicio fueron Refugios en el sentido más literal de la palabra: cuevas, viviendas, hordas, camuflajes, evasiones, escudos, entre otros; no obstante, se hizo evidente una división entre los hombres ante este peligro de la naturaleza. Se dividieron entre los Refugiados y los Vigoristas.

Los miembros de la humanidad, más débiles, decadentes, enfermos o simplemente cobardes, no dejaron nunca el Refugio e incluso se atrincheraban aún más y creaban moralejas que justificaran su deidad al Refugio, la comodidad, lo seguro, lo efímero e inferior, esto es la primera parte narrada y el sentido de la técnica que evolucionó en el proyecto de la sociedad.

Frente a estos se encuentran los miembros más fuertes, ascendentes, bellos, superiores, sanos y simplemente orgulloso, Vigorosos y valientes, ellos abandonaron los Refugios y vieron el peligro incipiente en la inmovilidad de quedarse en el Refugio, no tenían más técnicas de supervivencia que su Vigor y fuerza espiritual, y entonces dejaron los Refugios y enfrentaron el caos, lo indecible, vieron al Vigor y amaron el estilo de vida intrépido y peligroso.

Esta es la realidad y el origen de la división humana, aquí las apuestan bajan a cero, y en cierta medida es la verdadera dialéctica y lucha de "clases "primigenia, todas las guerras, toda historia, toda materia gira en centrifugado en torno a los Vigoristas y los Refugiados y sus amos refugistas. La verdadera diferencia entre seres son los cobardes y los valientes, la fuerza y la decadencia, el Vigor y la inmovilidad.

El desarrollo de los Vigoristas se da cuando los hombres dejan el Refugio y la horda, le pierden el miedo a la misma muerte, la enfrentan y no la evaden. El hombre Vigorista encuentra en la naturaleza total tempestiva su fuerza vital, su ánimo de vivir. El hombre, con sus limitados órganos físicos, se entrega entonces al frío, hambre, calor, predadores y con el uso ya no de una técnica sino de la fuerza irracional misma, la voluntad y deseo fanático de sobrevivencia, lo que se acerca más a un "salto" de muerte para atravesarla y no evadirla.[32] Los Vigoristas sobreviven, los Refugiados superviven.

A esté deseo de vida, se le puede englobar en el contexto de Vigor. El Vigor es a la fuerza vital, eclosión, explosión de ese *"ur fascismo"* inscrito en el corazón de los hombres, lo despiadado y creativo, violento. La animalidad es vida, la domesticación es muerte. Muchos otros les han identificado esté Vigor como el poder.[33]

Todos tenemos la probabilidad de poder en su sentido más literal, el poder es una facultad, es un "poder hacer" la capacidad de hacer algo, lograr algo. Parecido al trabajo como esfuerzo, o sea, la posibilidad de ejercer energía para transformar algo, transmutar una materia. Todo poder primitivo y natural se determina por las circunstancias, así el hombre Vigorista es un acróbata de lo posible, realiza lo impensable, corroe lo establecido, transforma y crea.

Regresando al relato de los Refugiados y Vigoristas, estos ánimos de vida estremecieron los débiles corazones de los Refugiados y los vieron como una amenaza, los despreciaron y por ser los Vigoristas lo que los Refugiados nunca podrían ser, se pusieron la meta de destruir todo lo

---

[32] En el capítulo del "Cuerpo como refugio" y "Vigorismo", se habla más de lo físico en el Vigorismo y refugismo.
[33] Totalmente, es una coincidencia con la voluntad de poder de Nietzsche.

grande todo lo bello[34] fue así que su proyecto de Refugismo, es en realidad el proyecto para sofocar y limitar el poder natural de los Vigoristas.

Aquí comienza la dialéctica de los esclavos, débiles, mediocres, contra la de los fuertes. Todo valor bello y supremo se vio como el pecado, todo instinto animal natural se reprimió. La única violencia permitida fue la que defiende y propaga al Refugio, al Estado, la moral y los débiles.

El hombre Vigorista desde sus inicios fue incluso nómada y negó de los "beneficios" del sedentarismo, esto trae consigo una negación del propio principio de "propiedad" y como no necesita esa "seguridad" también es indiferente al sentido individualista, prefiere saberse dentro de una existencia más grande, como es seguro nada gira en torno a él.

El Vigorista siempre buscó una luz negra, un sol negro fuera de las cuevas donde nada se ilumina, dentro de él mismo encontró muchos otros Refugios y emprendió acciones para derribarlos de igual forma, el *cuerpo*, el *Yo*, el *ego*, el *alma*, la *debilidad*, la *fortaleza*, el *hambre*, la *decadencia*, no existe ningún límite para establecer que Refugio el Vigorista no quiere derribar, todo quiere conquistar.

Lamentablemente, los Refugiados hicieron decaer las formas y cuerpos Vigoristas, pero nunca su espíritu e ideas. Cuando se formaron los primeros Estados, los Vigoristas se opusieron ante las formas técnicas de las hordas, de las propiedades y de las ciudades. Eran llamados incluso posteriormente bárbaros, villanos, apátridas, paganos, herejes, infieles.[35] Posteriormente, cuando comenzó a radicalizarse

---

[34] Aquí una idea de que la igualdad no puede existir, y que todo "ismo" se dirige a igualar hacia lo inferior, lo superior, o sea lo vuelve mediocre.

[35] Bárbaros, los que no hablaban lengua romance, griega y romana; Villanos, los que venían de la "villa" y no ciudad fortificada, Apátrida, quien no

el desprestigio contra el Vigorismo por los Refugiados, se instauró un único sistema económico y político devenido del humanismo: la democracia capitalista. Esta se basa en la debilidad del ser humano y en la compasión, así como antes el Rey recaudaba impuestos de los productivos campesinos "súbditos" y la Iglesia amordazaba la mente de los espíritus libres;[36] en su evolución el Estado sigue requiriendo la plusvalía de los "ciudadanos" traducida en impuestos y el Mercado impone conductas estúpidas y efímeras a las personas, así se logra la atenuación del Vigorismo.

El Vigor como muestra de vida siempre es algo irracional, si la técnica es el producto y herramienta racional para la construcción de Refugios, lo Vigorista no usa la cabeza, el Vigorista no usa la cabeza, usa las vísceras, la violencia y la fuerza, la sangre, el semen, el sudor, las lágrimas, usa su voluntad metafísica, su Vigor. Esté ha sido utilizado para salir del Refugio y de todo encuadramiento humano, no obstante, también ha tenido ecos en el mundo político y económico.

Cada vez que una creación humana se erige como Refugio y trata de encuadrar a los seres dentro de su lógica y reglas, el Vigorista debe oponerse y rompe toda decadencia y sentido moral. Observemos tan sólo el primer ejemplo: el sedentarismo llegó como tecnología de sociedad, el Vigorismo opuso lo nómada, llegó la monogamia, el Vigorista opuso a un sentido sexualmente hiperactivo y negó las familias, llegaron las primeras religiones erigidas a diosas y animales, el Vigorismo siguió adorando los abismos, truenos, árboles y a la muerte; la ciencia se tecnificó el

---

tenía su voluntad hacia una soberanía o Estado; Pagano, el campesino que conserva creencias y tradiciones fuera de los límites del Imperio Romano, Hereje quien decide su propio pensamiento visto esto como un pecado contra dios; Infiel quien se arrepiente de someter su libertad a un dios débil y sumiso.

[36] En el capítulo "Paganismo Vigorista, Convertidos refugiados" se refiere más a esta relación religiosa, vigorista y de refugiados.

Vigorismo creó la alquimia; el Estado aparece el Vigorismo aboga por la anarquía, la democracia y el fascismo, lo virtual y lo real, la paz y el consumó contra la guerra y la liberación; el Vigorista crea una dialéctica histórica que rompe y persigue la destrucción de los Refugios. Debe, desea y quiere soltar los Vigores contra los Refugios bien formados, contra toda norma o regla, toda política, el Vigorismo evoluciona en lo antipolítico. Es entonces como vemos que toda forma de atrapar la esencia real, material, emocional y psíquica es un Refugio y que el Vigorista rechaza quedarse en el mismo, no significando que alguna vez estuvo, pues todo Vigorista se define más por superar el Refugio que por no estarlo nunca, superar el *Yo*, el *ego*, el *cuerpo* y el *alma*. Un ejemplo de lo anterior es la familia, no podemos negar nuestros orígenes familiares, pero sí elegir superar esa forma de vida establecida y no formar una, o hacerlo a nuestra voluntad sin razón, sin meta, disfrutar más el proceso de creación que la creación misma. Es la lucha madre de todo, como fin mismo, no un medio para algún fin, lucha, movimiento y acción, esta es la evolución Vigorista.

V. LA RAZÓN COMO REFUGIO

¿Qué es la razón? En este contexto es el Refugio que sostiene que todo actuar humano puede conquistar la naturaleza con el ejercicio del aprendizaje cognitivo, o sea, de la aprehensión de conceptos, lenguaje, ideas y métodos. Pero la verdad y realidad conforme la razón solo vive en el lenguaje, no existe en el plano real, toda una invención, todo un Refugio. Sin embargo, la razón tiende a pensar las ilusiones y fantasías de la realidad como leyes inapelables, esto se radicalizó a raíz de la edad moderna y el cientificismo.

La razón es una proyección del individuo y el *Yo* como formaególatra[37] que justifica el encierro y separación del *Yo* y su entorno, haciendo cada vez más inaccesible el mundo sensible real y caótico, debilitando la fuerza espiritual del hombre y minando sus esfuerzos por acceder al ser auténtico o *dasein*, el cual se puede explicar racionalmente —como en este libro— pero no se puede acceder a él a través de la razón o lenguaje; el motivo de lo anterior se debe a que la razón es una ficción lingüística y el espíritu es real, nunca se accederá al *dasein* y al Vigor por medios racionales.

La razón, como mencionábamos antes, es un Refugio base, una forma de entender la realidad, es la realidad sesgada por el lenguaje y la ficción. Es la segunda naturaleza que crean los hombres para poder sobrevivir, es su mundo social y endeble, que lamentablemente han querido imponer los Refugiados y Refugistas a los demás.

La razón tuvo varios reforzamientos y evolución a través de la historia, significando cada uno de estos una

---

[37] Diferencia entre egoísmo y egolatría, el primero es un centro de fuerza del *dasein* o del ser auténtico; la egolatría es la exposición del "yo" para la admiración, juicio, evaluación, crítica y aprobación de los demás.

conquista de la razón hacia el espíritu, y contra de este también tuvo sus reacciones o esfuerzos por parar tan falaz visión de la realidad, tan falaz forma de vivir, a esto es lo que se le conoce como racionalidad.

La primera racionalidad se originó cuando el hombre nómada e hiperbóreo, ario, primitivo, dejo de ser un caminante con la tierra, sin propiedad privada, sin distinción de él y el grupo, y sin distinción de su esencia y la de la naturaleza.

Este grupo nómada, se vio enfrentado con el grupo de sedentarios, que vieron una "racionalidad" en quedarse en un territorio determinado, conceptualizando los conceptos de propiedad, grupo social, tierra, demarcación, familia, incluso la muerte, entre otros; esta racionalidad trajo consigo el pensamiento técnico de la agricultura como forma económica, siendo tratada por muchos relatos e investigaciones como causa y piedra angular del sedentarismo, cuando en realidad sólo es una consecuencia, la real causa de la racionalidad no fue la ciencia detrás de la técnica de la agricultura sino simplemente la pereza y comodidad de literal ser sedentario.

Obviamente, el sedentarismo trae menos mortalidad y comodidad, pero dicha comodidad trae consigo menos superación espiritual aristocrática, la cultura de la seguridad quedo inaugurada con el sedentarismo, comenzando también la decadencia cíclica de la humanidad.[38]

Una vez "conquistado" el sedentarismo, dicha razón siguió esa lógica hasta la aparición de la segunda racionalidad, la de los dioses politeístas, míticos, fenomenológicos, tradicionales y de diversidad espiritual contra el

---

[38] El fenómeno del ciclo de la decadencia social ha sido tratado por Oswald Spengler, en su obra *La decadencia de Occidente* En dicho tratado, básicamente, establece la tesis histórica de que las civilizaciones tienen ciclos de ascendencia y superioridad cultural, como de decadencia, degeneración y destrucción. Siendo incapaz la cultura de escapar a tal fatal destino.

monoteísmo, en especial los monoteísmos abrahámicos. En un principio, los dioses eran la representación mística y esotérica de los fenómenos de la naturaleza, no tendían a establecer una política entre las subjetividades y personas más que una cosmovisión del mundo y ritos de vivencias en el mundo, establecer jerarquías y dar códigos morales; casi siempre moralidad superior guerrera, así tendríamos dioses "paganos" y dioses primigenios, donde eran un reflejo ideal de la humanidad, o mejor dicho un reflejo fabuloso y mítico. En este sentido, los mitos no querían explicar de forma verdadera o científica un fenómeno, sino aprobar una historia que se adaptara moralmente a la vivencia, por ejemplo, los mitos griegos, los mitos de Gilgamesh y los mitos nórdicos.

La fuerza, competencia, valor, sacrificio, diversidad, fatalidad, tragedia e ironía eran los componentes de estas historias que justificaban la forma de ser del grupo y de las regiones. Tenían raíces, incluso etnográficas y genéticas, y eran el reflejo del carácter de un pueblo. El problema fue las similitudes entre los mitos, desde siempre la razón ha unido y la violencia separa, la globalización puede incluso rastrearse en primer momento, como el que aconteció a unir a las religiones en un solo mito, desapareciendo y dejando consigo un holocausto de dioses.

Al tener los mitos coincidencias, comenzó la razón a realizar su función de unificación, un primer momento fue el establecimiento del dios sol. Un ejemplo de esto lo tenemos con el faraón Amenhotep que quiso borrar la estructura sacerdotal eclesiástica egipcia, desapareciendo todos los cultos a los diversos dioses, estableciendo solo el culto al sol; cambiando su nombre incluso a Ajenaton/Akenatón en referencia al dios solar Atón. Pero el monoteísmo no tendría su fuerza globalizadora e imperialista hasta la conformación hegemónica de las religiones abrahámicas, es decir, el judaísmo, islamismo y su descendiente occidental, el cristianismo.

Aunque el sueño de Ajenatón no pudo establecerse en su época, y sus efectos serían vistos después; el daño ya estaba hecho, diversas sectas congregadoras de la *luz*[39] del sol combatieron la actitud heroica e irracional tradicional de los demás dioses, y como siempre comenzó otra comodidad ante la vida, una pérdida del miedo y peligro, otra conquista de la razón.

Relacionado con la anterior racionalidad, en este segundo nivel se encuentra una racionalidad paralela a la anterior: el idealismo platónico. De hecho, esté es el punto de inflexión de la filosofía occidental, se puede hablar un antes y un después de Platón, de hecho, la muerte de Sócrates puede ser una alegoría de la muerte de las viejas formas de filosofar y la decadencia académica orgánica para dar paso a las "escuelas" como las conocemos, al "estado" como forma de educación general y del idealismo que justifica toda visión conservadora de la vida.

Platón básicamente plantea una dicotomía, entre la naturaleza y la idealidad, el mundo físico y el mundo de las ideas; plantea las siguientes ideas:

1. El mundo físico es inefable, real, material, físico, efímero e imperfecto;
2. El mundo ideal es perfecto, accesible, espiritual y eterno;
3. Para acceder al mundo perfecto, es decir, a la "idea" debe hacerse con métodos reales, aunque limitados, debe atenerse a la realidad, ser pragmáticos, aspirando a ese ideal;
4. Para ser reales debemos ser ideales, pero teniendo las limitaciones físicas, o sea, la idea remplaza la realidad

---

[39] Aquí se puede rastrear el inicio de la masonería y las sectas "iluministas" ultranacionalistas, responsables de las revoluciones del siglo XVIII, liberales y portadoras del germen de la modernidad.

y la niega, por ejemplo, para alcanzar la igualdad y la justicia perfecta debemos comenzar a darlas, pero de forma real, aunque no todos la alcancen o ni siquiera se alcance a la forma ideal;

Como se puede observar, las ideas de Platón son antecedentes, fundamentación y causa de la separación del mundo real y el más allá o paraíso cristiano, ideas que formularan los escolásticos[40] en su momento desde el idealismo de Platón. Al aspirar a una perfección ideal, se le limita al hombre en su real esencia, esta racionalidad sería fundamental para deshumanizar al hombre. Todo humanismo es en realidad deshumanismo, embrutecimiento, una crianza y una limitación espiritual. Platón también es el primer elitista político que divide la sociedad en una elite educada e ideal y una plebe ignorante, no "sabía" es decir, es el primer globalista con aires de superioridad falso.

La tercera racionalidad es de las más importantes, sería la del establecimiento y división del "mundo" en dos: occidente y oriente; dicha división ideológica no orgánica, tiene como principal característica la visión del cristianismo como lógica occidental; aquí terminan por ser enterradas las ideas heroicas, mitológicas, aristocráticas y espirituales totalmente quedando relegadas a un pueril folclor.[41] El cristianismo fue hegemónico al ser utilizado como discurso político del Imperio Romano, una racionalidad que fue el germen de desarrollo para el imperialismo y el posterior choque de civilizaciones con América, siendo la causa de todo esto la racionalidad occidental.

---

[40] Grupo de filósofos de la Edad Media, como Santo Tomás de Aquino, Alberto Magno, Bienaventuranza de Fidanza entre otros; desarrollaron las ideas filosóficas cristianas y católicas medievales.

[41] Claro, después de ser perseguidas por el cristianismo como "infidelidad" moral.

Aquí es donde tiene lugar la inversión de valores de la que se ocuparía Nietzsche de estudiar. Los valores superiores de la fuerza, violencia, coraje, heroísmo, sobrevivencia y en resumen Vigoristas son vistos como pecados y perseguidos como errores, mientras que los valores del Refugio, la comodidad, la debilidad, la compasión, la no competencia, la seguridad, la morbidez y decadencia son vistas como virtudes y ejemplo a seguir. Casi siempre a manos de grupos Refugiados claramente identificados, los herederos de los sedentarios y de los monógamos débiles y enfermos, judíos y demás plagas imperfectas pueblan estos grupos, los pocos que sobrevivieron a la evolución de los fuertes y nómadas.

La cuarta racionalidad se encuentra en la conformación liberal del individuo en la estructura del Estado Moderno. El paso del súbdito con el ciudadano. En el mundo feudal el poder individual no existía como tal, la estructura estaba conformada por el concepto de *souzeranie*, es decir, la sujeción de un siervo por un señor feudal y así, interminablemente, no existía un poder que uniera y unificara la vida, ideología. Recordando que la racionalidad une y acomoda, o sea, vuelve cómoda la existencia caótica, una vez más con la formación del Estado Nación, estos poderes se disuelven en la idea de un poder sobre todos, esté "gran hombre" esté Leviatán es el soberano, es el Estado Moderno.

Tras la idea del Estado Moderno y las libertades que eran exigidas al Rey como soberano, comenzó la idea de proyectar al individuo encima de todo valor antes conocido, y sobre todo la idea de individualidad y derechos derivados de esta visión: la libertad y la propiedad, olvidando el entorno, lo social y sobre todo la realidad. Esta idea del individuo surgió desde los pueblos aledaños que no se circunscribían al poder feudal, estos grupos eran llamados burgos, el origen de la elite de estos responsables apátridas eran la burguesía.

La burguesía implantó el nuevo orden que barrio todo lo demás, esto es, las revoluciones liberales. Esta racionalidad es la más importante, la mayor de todas; puesto que su discurso ya no es la unión o negación de otros valores, aparte de lo anterior, es la asunción de la "razón" como ente metafísico, como si fuera un dios. La razón fue la responsable de varias corrientes ideológicas, la primera fue el racionalismo; esté como tal establece que el ser humano solo puede acceder a su esencia y existencia a través de la razón y el pensamiento, recuérdese la máxima de Rene Descartes "Pienso luego existo".

Posteriormente, esta idea trajo consigo el iluminismo, que básicamente es la idea de reformar al hombre, perfeccionándolo, privándolo de todo instinto animal, volviéndose un ser divino a través de la razón y revolución humana. De aquí nacieron la ilustración, liberalismo, el academicismo, cientificismo y positivismo. La ciencia es el bastión ideológico para acaparar al hombre al iluminismo, olvidándose del orden real y natural. Todo conocimiento ajeno a la lógica y al método "científico" se tomó como falso y toda ciencia como real.

En el campo político comenzó la ilustración como movimiento anti-jerárquico y anti-aristócrata, igualitario, pero sí de corte elitista. En efecto, los ilustrados veían a la humanidad como una masa colectiva que se puede modelar y reformar. Es el punto más alto del idealismo, de los sedentarios, es la máxima expresión de los Refugios. Este igualitarismo, trajo consigo la idea política que dominaría el mundo a partir de este momento, no siempre con sus respectivas resistencias, estamos refiriéndonos a la democracia.

La invención de la imprenta tuvo mucho peso en el desarrollo de la *Ilustración* y el *racionalismo*. Gracias a ésta se empezó una masificación de textos e información nunca antes visto, muchos textos venían del antiguo mundo escolástico y con este del griego. Basta con recordar que Platón, Aristóteles y los sofistas tuvieron mucho más acogida en la sociedad occidental de esta época racional que los presocráticos; de ahí vienen las ideas políticas de democracia y fueron instauradas como la mejor forma de control por parte de los refugistas. Con esta racionalidad quedan barridas toda forma ajena a esta, es vista ya no como pagana o primitiva sino bárbara y antihumana.

La quinta racionalidad ya con la modernidad inaugurada y las revoluciones liberales propagadas (inglesa 1642-1688, estadounidense 1775-1783, y la francesa 1789-1799) incluso ya no importaron las pequeñas resistencias y neo-absolutismos, el daño y la razón habían triunfado, el Refugio se fortaleció, cada vez es más difícil desde este punto histórico pensar el mundo fuera de los Refugios, fuera de lo moderno, pero la venganza contra este y su decadencia también se acrecentó.

La revolución industrial trajo una racionalidad bastante convulsa al mundo y básicamente el mundo contemporáneo surgen a raíz de esta última. No es solo, por la hegemonía de la ciencia, la razón y la burguesía, sino por la hegemonía de la máquina sobre el hombre, la técnica del Refugio acogió y obligó al hombre a vivir bajo su signo. Como ejemplo de ello, es incluso hasta reaccionario vivir en un mundo sin tecnología.

La burguesía, en su miedo total a la vida, a la muerte y al mundo, escapo del Vigor, acrecentando sus imperios, demasiado pequeños, sinceramente. Esta carrera armamentística y con experiencia de las guerras napoleónicas, las familias burguesas de origen judío, o sea, todos los monarcas europeos, cargaron con una guerra mundial que dio un paso más hacia la decadencia occidental. Todo esto originado para solventar los Refugios decadentes que al fin de cuentas fueron devorados por el Vigor apareciendo en forma de la bella, sublime, y romántica guerra.

Más adelante veremos las formas de Vigorismo han aparecido como reacción a las racionalidades y a los Refugios. Por ahora veremos que la racionalidad quinta de la revolución industrial trajo consigo la división total de la burguesía con los trabajadores, todos aquellos que veden su trabajo y en exceso para mantener en riqueza a los refugistas.

Ya con el nuevo orden establecido a partir del final del siglo XX, el Refugismo escogido entre los dos que colisionaron (capitalismo vs. comunismo de la guerra fría) fue el hegemónico y en cierta manera justificado ante los horrores del "Vigor" (guerras crisis y muerte) como si esto se acabara esclavizándote en el Refugio mismo. La democracia siguió evolucionando hasta su forma definitiva en la sexta racionalidad, la cual corresponde al hipermodernismo, posmodernismo, ultraegolatrismo, y a fin de cuentas la globalización.

El nuevo orden en el que vivimos es solo la evolución del Refugismo, es la racionalidad y la razón como Refugio hacia el Vigor, lo que ha devenido al hombre en un ser esclavo, degenerado y decadente, afeminado y débil por naturaleza. La extinción del hombre es clara, el hombre al menos no evolucionará a ninguna forma superior o alguna forma espiritual sin que sea expuesto al peligro, el peligro hoy en día es depresivo e inmovilizarte no es liberador ni violento. La razón funciona y ha funcionado a través de la historia como un poder.

El poder congrega y une, es pacífico y acomodado, es la facultad de unión y armonía entre las voluntades, si tú no ejerces tu voluntad, irremediablemente estás siendo objeto del poder, en este mundo lo más seguro que estás en la razón. El poder es amable y pacífico, como tal une y elimina diversidades, no quiere lo que no es como él, es miedoso al cambio, conservador y en cierta forma vanidoso, el poder es mujer.

Lo contrario al poder no es la sumisión voluntaria ni la libertad, el poder da más libertad para atraerte con la seducción propia de una *femme fatale*; lo contrario al poder es la violencia, ¿pero no acaso el poder es un represor violento y armado? ¡No! No lo es, el poder se va cuando la violencia aparece, el poder es fuerte porque no necesita moverse para ser obedecido, la violencia obliga y crea movimiento. Si tú vas voluntariamente con tu pareja a regalarle parte de tu dinero, alma y tiempo no es violenta, tú estás bajo el poder; en cambio, si tú a través de la violencia robas la propiedad de un rival, ese rival puede reaccionar y pelear, se relaciona contigo, es parte de tu vida y hace moverte te hace ser mejor.

La violencia es el antipoder, destruye, no construye y mueve, la violencia es vida y el poder es inerte como la muerte. Si la razón es el poder, la violencia es irracional. Si la razón es un Refugio, la violencia es el Vigor.

Antes de terminar, sería muy conveniente hacernos la reflexión de cuál será la séptima generación de racionalidad, acaso será la ¿feminización total? Vamos a dejarlo en claro, la feminidad y las féminas, independientemente de su sexo biológico, son emisarios del Vigor, inmiscuyen en un torbellino de caos al hombre que por antonomasia es un Refugiado y puede trascender dependiendo de su fuerza espiritual. Entendiendo el papel que cada uno de estos juega, nos damos cuenta de que la comodidad engendrada de la razón es un producto destinado a feminizar al hombre, con esta acción se le priva de sus facultades superiores y es devorado por el Vigor denigrado y destruido.

Aquí se acaba la dialéctica, es la máxima lucha de clases, la lucha eterna, el hombre contra la mujer. En este aspecto parece que el devenir histórico actual es que las máscaras de las anteriores luchas se caen; no es el occidental contra el bárbaro; el pagano contra el cristiano; el esclavista contra el esclavo; el guerrero contra el burgués; el obrero contra el patrón, es en realidad el hombre contra la mujer, contra el Vigor. Este carácter esotérico sexual, ha sido visto de forma más material en los últimos años y en el contexto del mundo posmoderno —entiéndase desde el fin de la segunda guerra mundial y más acentuado a raíz del ataque a las Torres Gemelas, o bien la pandemia en el año 2020— en efecto, el cisma actual es la lucha de géneros y sexual, que como ya dijimos es la lucha absoluta del hombre cómodo contra el aristócrata del espíritu, la lucha contra el Refugio.

Así que, aunque podremos observar los primeros indicios de esta nueva racionalidad, con las demandas de género y el poderío femenino a la par del burgués, podría pasar no a un mundo dominado por mujeres; sino un mundo en guerra constante entre sexos, donde los hombres al no poder relacionarse con sus cada vez más elitistas mujeres tendrían abandonarlas, odiarlas y destruirlas para reprogramar incluso sus tendencias sexuales de forma artificial.

Pues el sexo es ahora mucho más sacralizado que en épocas anteriores, quien crea que hoy el sexo es banal y es alcanzable como necesidad es un completo imbécil; no se da cuenta de que es el instrumento predilecto para tiranizar al hombre.

La racionalidad de esta última etapa contemporánea operaria como la plusvalía que explota al trabajador por parte del patrón; puesto que el sexo dosificado en ideas y contacto es racionalizado por lo femenino al hombre, solo entregaran dosis para mantener controlados a los hombres y explotarlos. La solución a esta explotación es la interrupción de la tiranía femenina por medio de la violencia obrera; la huelga, será la negativa de atender las necesidades femeninas de atención e idolatría, así como de mantenerlas económicamente; la expropiación será la violación y sometimiento sexual masculino del sexo débil femenino; el establecimiento de la dictadura del proletariado será el establecimiento de un nuevo orden sin la necesidad de mujeres. En fin, la nueva racionalidad será la que busque destruir la última irracionalidad, la última esquirla de incomodidad heroica en el mundo: la masculinidad.

A continuación, una tabla que sintetiza las racionalidades y sus características comentadas aquí:

Racionalidad	Características	Cambios Establecidos
Primera: Sedentarismo	* Reducción del peligro de la naturaleza. * La racionalidad inaugurada como forma de "mejorar la vida de los hombres." * Degeneración física por falta de movimiento.	*Abandono lo nómada *Estableció la propiedad privada *Estableció el hogar y tierra como Refugio *Olvido la caza y se adentró en la agricultura *La técnica como forma de vivir
Segunda: Monoteísmo e Idealismo platónico	* Unificación de la diversidad natural de mitos en un solo dios solar *Desnaturalización de las visiones del mundo * Primer intento de unificación global de los sedentarios * Creación de un mundo "perfecto" e ideal alejado del	*Olvido de los dioses naturales y la diversidad *Comienza erigirse un mundo falso y de ficción, pero unívoco, o sea una sola verdad: la idea y razón * Universalidad de la idea y asentamiento de un

	mundo real complejo	proyecto de "nuevo hombre" *Negación de la realidad y sus niveles de interpretación en una sola, la de la idea
Tercera: Universalización de la fe cristiana, nueva moral y la creación de la idea de occidente	*División de occidente-oriente *Religión cristiana como "suprema" *Nuevos valores cristianos, serían utilizados junto con el platonismo como moral de occidente *Valores débiles de judíos y cristianos serían los superiores, el mundo heroico y de fuertes sería el vil y de villanos: inversión de valores.	*La inferioridad de los no occidentales *Expansionismo de Roma *Inversión de valores de esclavos mediante la moralidad eclesiástica y feudal

| Cuarta: La creación de la soberanía estatal y el individuo jurídico | *La destrucción del orden de señoríos feudal y el concepto de Estado Nación soberana
*Concepto de individuo como paradigma de la existencia
*Libertad y el derecho como forma de vivir dentro de sociedad
*La instauración de la burguesía y el judaísmo elitista como clase dirigente sobre los feudales eclesiásticos | *La negación de la colectividad o el hombre fuera de los límites jurídicos; o sea, fuera de lo individual
*La monopolización de la violencia en el soberano absoluto, estado, rey, gobierno y máquina administración
*La ideología capitalista y moderna, tiene sus raíces en este momento histórico y político, Comenzando las revoluciones liberales y políticas hacia el totalitarismo democrático |

| Quinta: Revoluciones burguesas y el nuevo orden imperialista | *Se termina el antiguo orden, la tiranía establecida no se parecerá a la feudal ni tendrá al mismo dios, se enaltece la democracia parlamentaria, los derechos del hombre y la propiedad *En carrera, por poseer más, se desarrolla un capitalismo voraz aún mayor que el de los colonialismos clásicos *El "desarrollo capitalista "trae consigo aplicaciones de las técnicas científicas, otorgando mayor desarrollo en maquinarias y creando las primeras metrópolis y trayendo consigo la primera guerra mundial. | *La burguesía se forma como clase predominante y de lucha frente al viejo régimen *Predomina una nueva moral y ética: universalidad de los derechos humanos, *Comienzan los imperialismos precapitalistas y preindustriales, *Se impulsa la educación general. |

| Sexta: Industrial tecnológica | *Con el desarrollo industrial, se crean dos clases sociales en este orden dictatorial de propiedad: la burguesía capitalista y el proletariado miserable, ambos desposeídos de lazos de comunidad y enfrentados por el poder
*Comienza desde el marxismo la primera reacción a esta racionalidad, emerge el fascismo y el nacionalsocialismo como sistemas antagónicos de la racionalidad
*La guerra civil contra el orden burgués termina en la y segunda guerra mundial, guerra fría y el establecimiento del mundo posmoderno. Aquí ya no existen oposiciones fuertes a la racionalidad más que algunas formas de terrorismo fundamentalista (guerra fría | *Comienza la industrialización, consumismo y tecnificación, tanto de la vida doméstica como de las armas. La comodidad no tiene reparo
*Comienzan las primeras formaciones sociales que se oponen al orden capitalista de miseria
*El mundo tiene una regresión a sus raíces reales e irracionales violentas: fascismo, nacionalsocialismo, anarquismo, futurismo, marxismo, sindicalismo, y demás ideologías Vigoristas
*Los vencedores de las guerras mundiales imponen un orden bipolar de corte iluminista (racional) marxismo/liberalismo |

	"comunistas" y mundo posmoderno "islámicos") *El hombre es esclavo del sistema de producción, el poder antiguo del monarca ya no existe, ahora el poder es igual a libertad, desarrollo personal y productividad meritocratica, es una gran rueda de hámster donde uno se esclaviza a sí mismo, mientras consume actividades de corte virtual o de drogas	*Triunfo total del capitalismo y su desarrollo tecnificado de neoliberalismo: el hombre se esclaviza con el ánimo de producir más y "triunfar" en un orden acomodado, decadente y controlado por el Refugio y debilidad.
¿Séptima: feminización?	*El final total de este sistema de Refugio esclavo es la destrucción de la naturaleza y potencia del hombre: su testosterona animal primitiva. Es decir, comenzará a construir un discurso donde los valores burgueses Refugiados, disfrazados de femeninos civilizados, serán más	*En un último respiro, el hombre ha olvidado su esencia masculina de acción, peligro y caza; está la disyuntiva de abandonar esa existencia para siempre a través del transhumanismo acomodado, feminismo sexual y de género, dependencia sexual

atractivos para vivir en sociedad que los valores naturales y reales o Vigoristas, comenzará una brecha entre sexos donde el hombre para satisfacer sus necesidades caerá en conductas útiles al poder.	tecnológica, o sea Pornocrática, debilitamiento del físico por la comida chatarra y falta de ejercicio o bien; que elija un camino real, en el ámbito de lo posible, que elija el Vigorismo.

Como se puede observar, la razón ha funcionado como una tecnología lingüística que encubre la realidad a favor de un grupo social específico y raza específica. Cada vez con mejor técnica, estas olas de técnica son las llamadas racionalidades.

Por lo anterior, todo tipo de razón, desde el Refugio hasta la globalización, ha funcionado como un dispositivo de domesticación del hombre devenido a sujeto, del Vigorista devenido Refugiado, del *dasein* al *ser*, del aristócrata del espíritu al hombre-masa, del Vigorista al consumidor, del basado al *cringe*,[42] y así sucesivamente.

Pero la razón no es la única vía a la construcción del Refugio, esta, aunque anclada en el plano espiritual, lingüística e ideal-conceptual, tiene también efectos en el cuerpo físico. El cuerpo también puede y ha sido utilizado como Refugio contra el Vigor, negando su naturaleza aristócrata.

---

[42] Basado es un vocablo de una jerga específicamente del internet y, en suma, quiere decir algo provechoso y auténtico, por el contrario, *cringe* es lo no auténtico y por ende no provechoso.

VI. El cuerpo como Refugio

El Refugio del cuerpo tiene íntima relación con la estructura del Vigorismo y Refugismo. En un inicio, acordamos el origen mítico del Refugismo con los nómadas y sedentarios, en todo caso el concepto de Vigor y el Refugio es un concepto del movimiento y de la inmovilización, sobre todo con relación a nuestro primer motor plástico: el cuerpo.

El cuerpo como Refugio nos remite a dos ilusiones creadas por el lenguaje, una que nosotros somos un cuerpo, y la segunda que nuestro cuerpo es nuestro Refugio.

La primera, de que nosotros somos un cuerpo, nos hace creer que el cuidado del cuerpo y la experimentación del placer carnal es la única vía a la felicidad, es decir, si nosotros somos un cuerpo, entonces dependemos en mayor o menor causa de la gracia de este último. Si tenemos un cuerpo bello y admirado, nosotros somos esa belleza o admiración de los demás; pero esto anterior es solo una ilusión, la realidad es que estamos mercantilizando el cuerpo volviéndolo un signo, símbolo y eso es una actitud insegura, inauténtica y burguesa, o sea es un Refugio más.

Aquí yacen dos formas de refugiar la debilidad espiritual en el cuerpo, ambas cumplen con la enajenación, con ser símbolos lingüísticos, de consumo, con la dependencia de la opinión de los demás y ambas son consecuencias de la decadencia moderna:

A) El cuerpo *Fitness* bello

En este caso, el cuerpo es "modelado" bajo dos imperativos sociales indisociables: uno el del canon estético femenino y otro el de la juventud. Realmente este Refugio, comenzó de una forma bastante anti-femenina, de hecho, hacía gala de cuerpos fuertes y varoniles, de la ilusión de un modelo de hombre fuerte, masculino y violento. Sin embargo, recordemos que este modelo, surgió en las décadas que van de los sesenta, setenta y ochenta en Estados Unidos de América, su fin era la enajenación por el consumo y la irrealidad. Estos modelos del culturismo clásico, muchas veces tenían una genética privilegiada para formar ese tipo de cuerpos y en segunda instancia utilizaban toda una construcción mercantil: desde drogas anabólicas, diseño de fotografía, publicidad. Esto anterior para crear el mito de un héroe de acción, masculino, valiente y ejemplo a seguir en la mente y psique de los seguidores de esta forma, teniendo una clara referencia al sueño americano y capitalismo liberal, sin embargo, este modelo de hombre, era una imitación del héroe proletario o militar, de hecho, su espacio era una mala copia de los gimnasios griegos donde se forjaba el espíritu olímpico real. El gimnasio de estas épocas si bien es cierto tenían ejercicios y usaban herramientas bastante funcionales para el desarrollo físico, también lo es que comenzaron un proceso de comodidad cada vez más reflejado en el modelo de hombre fuerte que seguían. Primero los gimnasios ya no estaban al aire libre en cualquier espacio, y si aún sobrevivían eran en climas cómodos y cálidos como playas, en segunda comenzaron a utilizarse poleas para cargar y "facilitar" el peso de los ejercicios —como si la meta fuera facilitar lo que se supone que necesita esfuerzo—. Con el tiempo este modelo de cuerpo, obviamente era inalcanzable para el hombre común y sus valores, puesto que la modernidad acomoda y debilita al hombre, es difícil perseguir el modelo de hombre de acción imitando al hombre Vigorista en estos modelos hipermasculinos ochenteros. Llegando el nuevo milenio y atendiendo aún nuevo modelo para instaurar él consumó sobre el cuerpo, se persiguió un modelo más cerca de la modernidad y alcanzable a la vez que delicado y sensible. Es cuando se creó el paradigma *fitness* y el de apostar por un modo de vida que refleje la civilización y aburguesamiento total, la seguridad total, el alejamiento de la barbarie y del consumo de carne y cuerpo funcional. El cuerpo ya no era una herramienta para la pelea o caza, sino un adorno estético, es aquí cuando se forman las dos metas del nuevo cuerpo: la feminidad y la juventud.

El fitness significa estar en línea, estar dentro de la línea estética y de los cañones o formas de vida establecidas por la modernidad civilizatoria, es una técnica de Refugismo altamente especializada donde se le da al hombre una guía de cómo serlo, como ser sano, bello, atractivo y joven por siempre, ya sea funcional al sistema como mercancía o para que adquiera una falsa identidad de hombre. En primer término, el *fitness* reclama el miedo a la muerte del Refugiado, quiere o pretende ser inmortal, de ahí las innumerables y ridículas formas de dietas de soya, vegetales, cárnicos, *light* o alimentos modificados para "estar joven" como si hubiera pecado en la madurez y la formación de heridas, fallas y envejecimiento marcial.

En segundo término, el *fitness* reclama belleza femenina como modelo de hombre atractivo, donde el cuerpo o la fuerza de musculación está ausente y ahora se privilegia la delgadez y el orden andrógino o bisexual. La no definición sexual es un mensaje de la ambigüedad y flexibilización que debe tener el hombre Refugiado, debe ser manejable como una masa sin forma, sin dogmas, sin carácter ni identidad, lo no definición es mejor, es más, esto se refleja en la industria de la moda, donde es más conveniente vender ropa a un solo género de consumo femenino, pues el hombre prefiere la practicidad a lo cosmético, la moda masculina nunca había sido tan lucrativa que en esta época de hombre feminizados.

Los tipos de ejercicio y de vida "deportiva" del hombre *fitness* femenino que utiliza el cuerpo como Refugio, es un ejercicio cómodo y sin esfuerzo, de hecho, ni es entrenamiento sino una simulación de movimientos en máquinas acolchonadas que mueven el peso por ti, en cambio, lo compensa con dietas casi de esclavo y múltiples sustancias artificiales y alimentos sintéticos. Todo esto anterior genera una gran cadena de consumo y de ganancias al sistema capitalista y refugia al hombre en una idea de un "héroe de acción" irreal e inauténtica.

Este sistema del *fitness* es tan perfecto que si en verdad generara hombres fuertes y capaces no sería reditable para el funcionamiento del Refugio, por definición si un hombre que comience en el *fitness* quiere de verdad fortalecerse, saldrá de los esquemas y cañones *fitness*, saliendo de esta forma del Refugio.

Esto es a grandes rasgos el modelo del Refugio del cuerpo como fitness y bello.

B) El cuerpo como Refugio de la comodidad y de placer

Esta otra modalidad del cuerpo como Refugio se caracteriza por utilizar al cuerpo como un receptor de placer y comodidad, volviéndolo una masa inerte e inmovilizada, es decir, encuentra la comodidad en refugiarse en recibir pulsiones de placer en el cuerpo. Es lógico, que estos cuerpos devengan en obesos, problemas sexuales adictos a la pornografía, enfermedades físicas congénitas que luego heredaran a su prole, contaminando la tierra y cultura con debilitamiento y más Refugio.

Estos cuerpos se nutren de la comodidad y del hedonismo, así como de la libertad sin responsabilidad, ni siquiera responde ante sí mismo. El cuerpo cómodo es igual que el cuerpo bello *fitness*, es manejable y líquido, sin carácter, sin oposición y controlado por las fuerzas de producción. También ha sido el caso que por no ser necesaria la fuerza física, estos hombres han consumido estrógenos en altas cantidades, en primer término, los producidos por su metabolismo por la falta de proteína y el alto consumó de carbohidratos y azúcares, en segundo término, el consumo directo de productos que alteran la producción de estrógeno en el cuerpo masculino como la soya y productos de dieta, teniendo un daño a la salud irremediable y destrucción de a funcionalidad del cuerpo.

C) DINÁMICAS DE LOS CUERPOS-REFUGIO

Estos Refugios tienen una dinámica de opciones o "formas de ser" o sea son formas de vida que el Refugismo hace creer como elección de carácter y caminos a seguir. Tradicionalmente, estos dos Refugios han sido puestos como si fueran contrarios, esto es, que en la dinámica de los Refugios los cuerpos bellos fitness parecen ser el camino libre y apropiado frente al cuerpo cómodo, y esté último parece ser un camino emancipador y amable con los débiles y diferentes frente al camino "autoritario del *fitness*". Pero la realidad es que son dos caras del mismo hombre moderno, líquido y manejable, parecen vías contrarias, siendo la del hombre fitness una vía falsa de alteridad al obeso hombre del placer, pero es el hombre plástico en su totalidad.

 El cuerpo como Refugio también funciona como un medio para adquirir el reconocimiento y admiración del otro, ambos cuerpos Refugios buscan este fin. El cuerpo femenino bello busca agradarle sexualmente al sexo atraído y ser un objeto de deseo, sin embargo, esto es efímero, pues la violación va antes de la relación, es una forma de rendirse tributo a sí mismo, de encoger el espíritu y de cosificarse uno mismo, uno desea en este esquema volverse una mercancía, se degenera el hombre.

Esto anterior está relacionado con el mito de la conquista del hombre hacia la mujer y el Vigor en sí. La mujer, como avatar del Vigor y el caos complejo y totalmente inestable, no tiene una lógica de elección de pareja, por más que el racionalismo haya querido construir una lógica de "machos alfa" y capaces, lo más seguro es que ni ellas tengan conocimiento de sus impulsos sexuales y apetitos caníbales sobre el sexo atraído.[43] Sin embargo, esto no impide que para atraer al hombre al Refugio, se utilice la idea de una forma de hombre establecida para ser reconocido y atrayente a la mujer, aunque funcione en realidad como un trueque, pues si algo quieren las mujeres y el Vigor es control o desgracia sobre el hombre.

Entonces el cuerpo bello o estético es una forma de mostrar la falta de voluntad propia, es mostrar la dominación y la desesperación por la aprobación, en ese sentido es cuando ese tipo de "tributo a la mujer" cobra sentido y por esa razón resulta atrayente para ellas, pero no porque esa imagen cause un deseo, como hemos mencionado el deseo es aleatorio.

En cuanto al cuerpo placer, este apela a la piedad y al chantaje para ser reconocido. Toda esta tendencia sociológica e ideológica de la diversidad corporal, aunque no tenga la más mínima atención a la estética y a lo sublime, es una degeneración de los cuerpos para hacerse aceptar como si fueran uno. El cuerpo que pierde movilidad teniendo todas sus partes es un adefesio.

Además de estas dos formas de cuerpos-Refugios, existen además otras manifestaciones corporales que adiestran al cuerpo como un Refugio. Podemos ya afirmar a estas alturas que los Refugios no solo son ideas originales de dominación e inmovilización espiritual del hombre, si no también son ideas parasitarias que adoptan formas

---

[43] Se ahondará más en estas cuestiones en el capítulo X. Vigorismo, Género y Sexo.

engañosas, aparentan falsas vías —tal como en el caso del *fitness* moderno que se hace pasar como una vida atlética— en este contexto, los Refugios también han adoptado y contaminado las modificaciones corporales y los tatuajes. Las modificaciones corporales y tatuajes tenían un origen tribal, honorable y religioso o étnico, ahora es una moda costeable por el capital.

El Refugio de los tatuajes y modificaciones corporales también es una falsa vía para parecer tribal, alternativo o auténtico, cuando la realidad son ideas modernas determinadas que se alimentan por una industria, esta falsa idea de pertenencia que acomoda la voluntad inauténtica es el rasgo del Refugio corporal.

El Refugio se expande y acomoda las buenas ideas auténticas que puedan surgir fuera de él.

VII. El hombre Vigorista

Por definición, la guerra entre distintos Refugios tiene lugar dentro de estos, no fuera, o sea, la política, organización, luchas de poder, ideales y conquistas forman parte de refugistas y entre ellos se destruyen. El hombre Vigorista solo es un observador y puede entrar y salir entre estas dimensiones, de hecho, lo más seguro es que nació como muchos hombres dentro del Refugio en condiciones normales, pero el Vigor lo llama y rompe con este para demostrar una vida más espiritual y alejada, retraída de toda razón de toda forma de Refugio existente, está pues, de cara a la tormenta del mundo real, está junto con el Vigor. Todo gracias al movimiento, lo cual caracteriza a los Vigoristas desde el inicio.

El hombre Vigorista no debe de verse como una antítesis de los Refugiados, aunque estos últimos si lo sean del Vigorista. El hombre Vigorista es un aristócrata del espíritu y aunque no existe un código moral propio de él, pueden encontrarse coincidencias éticas, en suma, el Vigorista crea su propio código de conducta, el cual está íntimamente relacionado con su interior, su personalidad e individualidad autentica contraria a la establecida por el Refugio y las masas. El conocimiento Vigorista es esotérico, o sea interior, contrario a todo conocimiento no Vigorista que depende del exterior por ello esté es exotérico. Pero vayamos construyendo la tipología del Vigorista.

Comenzando, ¿qué es un aristócrata del espíritu? Pues literalmente es el que busca la ascensión, *ascesis*,[44] de todo su ser no material, es decir, de su espíritu, esta ascensión se da por medio de una idea denominada *sublime* la cual es la reacción ante algo supremo y real, en suma, es la reacción ante lo incontrolable, lo bello y perfecto tan magnífico

---

[44] Curiosamente, esté vocablo se refiere a entrenamiento.

que no puede nombrarse ni conceptualizarse de ahí que lo sublime saque de sí mismo y de su ego o individualidad a cualquier sujeto, lo deja anonadado ante algo que lo supera. Una acción, un paisaje, obra, espectáculo, discurso, fuerza y violencia es sublime, lo cómodo y controlable no es sublime, no generará ninguna ascensión ni movilidad, sino vacío y aburrimiento.

Esta búsqueda es diferente para cada sujeto, lo aristócrata refiere a una diferencia individual auténtica frente a la individualidad inauténtica que al final de cuentas esta individualidad no auténtica, es una individualidad de masas, de común denominador, de vulgaridad y conformidad, esto último es todo lo no aristócrata. El aristócrata del espíritu no le da miedo, el rechazo social o la soledad, el no encajar es señal de su búsqueda y del conocimiento interior.

Ahora bien, ¿cómo inicia esta búsqueda? Desde el momento de que uno se conoce a sí mismo.

VIII. El Vigor y el Vigorismo

El Vigor es todo motor funcional de cada ser, de cada ente existente en el universo y la eterna complejidad, se puede decir que el Vigor corresponde a la constitución de una persona, a la materia y madera de la que están hechas las personas. El Vigor es un motor, por ende, está constituido bajo la potencia, la posibilidad, la fuerza y el riesgo, ya nos hemos ocupado del significado de la violencia como potencial de vida, pues justamente el Vigor está relacionado con el nivel vital de la persona.

Una persona con un nivel de Vigor inferior no tiene potencia, movimiento y crecimiento de ningún tipo, su única movilidad es la decreciente, es decir, la degeneración y atascamiento, destrucción por la inmovilidad en su Refugio y esquemas fríos. Pero para los aventurados y los que no le temen al cambio profundo, es más, lo ansían y disfrutan, está reservada una cantidad limitada de Vigor que puede aprovecharse en beneficio de un caos creativo.

¿Cuál es la relación entre el Vigor y el Vigorismo? Pues atendiendo al relato del cual nos hemos servido para explicar esta filosofía, los Vigoristas son las personas que tienen la composición y fuerza necesaria para nunca entrar, salir, negociar, cambiar y abandonar los Refugios, son los nómadas que han denunciado a los sedentarios inmóviles de los Refugiados. Esto ha creado justo los conflictos que mueven la historia intelectual y técnica de la humanidad, el progreso va por la decadencia, no por la ascendencia.

Por otro lado, estos conflictos entre los Refugiados y Vigoristas han desencadenado la radicalidad de estos últimos y en parte es algo nato, se trae desde la fábrica, el nivel de fuerza es un reflejo de la genética, aunque también de los hábitos, recreación, alimentación y autoestima. La opinión de los Refugiados sobre los Vigoristas y Vigoristas, es la que la historia ha mencionado en dicotomías de progreso/barbarie; puesto que los Vigoristas han sido los bárbaros, villanos, paganos, incivilizados, incluso locos, raros y peligrosos.

La locura como concepto viene a jugar un papel muy importante en el Vigor y Vigorismo, como tal es un concepto que engloba lo que no puede entender la inferior mente del Refugiado, existen niveles de locura; el primero es una simple y hasta inocente expresión de "loco" en todo lo que el Refugiado no conoce, llegando a extremos ridículos y graciosos (dignos de una foca o un mono cilíndrelo) por ejemplo, decir que es "loco" vestirse de cierta forma, hacer algo diferente, tener diferentes horarios, gustos o cualquier diferencia; el segundo nivel de locura es el que designa de manera denunciativa los actos heroicos— temerarios y peligrosos que el carácter valiente del Vigorista hace de sí mismo; y el tercer nivel está arraigado en todo el Estado y sociedad que es catalogar el genio de locura y reprimirlo por medio de medicinas, psiquiátricos y leyes.

En tiempos más amables los locos y esquizofrénicos eran magos y dueños de dones espirituales supremos, eran los sacerdotes y líderes de las comunidades, en las sociedades nómadas esto era más valioso que en las sedentarias, pues los nómadas no tenían riesgos al aceptarlo y los sedentarios Refugiados se mueren de miedo al prever un riesgo. Grandes civilizaciones fueron creadas por las historias de un desquiciado; el águila y la serpiente, el árbol del Ygdrasil nórdico, los sueños de Vishnu entre muchas otras realidades supremas. El racionalismo y ateísmo, en la designación de loco/cuerdo, clasifica al Vigorista como disfuncional, pero hago la denuncia a la civilización "progresista y civilizada" esta civilización refugiada es la sociedad de esclavos que lloran en llantos al observar la libertad.

Con lo anterior, quiero establecer el Vigor como forma prima de la *locura, valor, espíritu supremo*, o simplemente un don genético dado solo a los mejores vástagos de la humanidad, vástagos que no dejarían establecerse en el acomodamiento Refugista, antes por necesidad y ahora por imposición. Ahora bien, si el Vigor que es la fuerza de ascesis violenta experimentada por el Vigorista, ¿cómo es el hombre Vigorista y cuáles son sus comportamientos o bien como se diferencia del Refugiado?

Pues bien, debemos comenzar afirmando que el Vigorista no es lo contrario al Refugiado, no juega sus juegos, es simplemente su superación o incluso su antepasado previo a cualquier razón decadente. El Vigorista es un ser lleno de movimiento, esa es su esencia, como la tormenta acepta el riesgo y violencia de los movimientos libres, no está atado a ningún sitio, lugar, verdad, concepto, no tiene Refugio, a lo mucho tendrá un Refugio temporal para el descanso, pero solo como medio para el fin en sí mismo: el movimiento acelerado de sí mismo.

Como un nómada errante, el Vigorista destruye Refugios por donde quiera que vaya y de forma pasiva, es decir, su sola existencia desafía las leyes del Refugio y reta a un juego de ascendencia a los Refugiados, su lógica y acciones van encaminadas al entrenamiento de sí mismo y no a la inmovilización y posterior aberración de su ser.

El Vigorismo no es una ideología homogénea o inclusiva, es más bien una forma de entender todo lo superior fuera de los Refugios, es un vocablo que conlleva, está característica a todos los que el Vigor no está quieto, el signo es el movimiento, la flecha adelante. El Vigorista es el alfa, omega y la flecha que supera el inicio y fin, como un ensayo, la vida del Vigorista no tiene fin cualquiera puede continuar su obra y nunca tendrá a un fin último, a una utopía o mejora, solo es amar la contradicción y soportar el viaje de la existencia, el Vigorista nunca estará conforme su maldición es el aburrimiento y su obstáculo son los muros, las paredes y la paz.

Así podemos observar que toda radicalidad que abandona y destruye los viejos templos del Refugismo es Vigorismo, el hombre Vigorista simplemente camina, derrumba y ataca, no todos están listos para esta lógica, muchos la etiquetaran como simplona, peligrosa, ignorante o superflua, lo real es que es un orgullo ser ignorados y denostados por los Refugiados, ellos en su profunda y obesa decadencia no moverán ni un músculo para alcanzar los fines y glorias, las cuales están dentro de cada hombre y solo se pueden exteriorizar ante la tormenta, ante el Vigor, el riesgo y la guerra.

El hombre Vigorista es entonces un "temerario" vive al día y no le importa el riesgo a saber, para él sólo hay un camino y destino, el cual es el de todo en esta existencia, la muerte, finitud y el dejar de existir, al tener ese mismo destino disfruta de la vida a como dé lugar sin miedo o temores y sin impacto de los grandes cambios, es el secreto de la existencia movilizada. Al contrario, los Refugiados temen los cambios, el movimiento y el destino final de la existencia, tratan de retrasar esté destino con resultados no pocas veces patéticos y otros grotescos.

¿El Vigorista entrega a un vicio? Si y no, pues depende si ese consumó crea un Refugio alrededor de él que impidiera el libre movimiento, si esto es así, el Vigorista lo derrumbaría y tendría que cambiar de sitio y así, sucesivamente, nunca está quieto, nunca está inmóvil, nunca está encadenado. En este sentido, el Vigorista no tiene un fin determinado o tiene todos ellos, atraviesa todos los Refugios existentes y los supera, de hecho, el Vigor es la fuerza motriz para derrumbar todo Refugio que por su naturaleza estanca y deprime a todo espíritu.

El hombre Vigorista tiene las características de un trabajador nato, atleta y hombre de resistencia, cuando se estanca y se queda en un Refugio deviene a hombre famélico, inmóvil, enfermizo, débil e incapaz, puede volver a salir de el a través del Vigor, pero se necesita reflexión, duda, crisis y destrucción de todos los Refugiados visitados y por visitar.

Vigorismo es, pues, la destrucción de las máscaras, la luz que revela todo como es en realidad, por ejemplo, en vez de obediencia ciega y del cumplimiento de los roles, el Vigorismo observa a la pereza, a la hipocresía y al abandono. A su vez, el Vigor trae una muestra de vida en sí misma, es decir, solo se muestra el verdadero *Yo* el ser más allá de su existir como un Uno para el Otro, todo acto desinteresado y en ayuda de otro se hace en función de un orgullo que desea vaciarse, un dar, un sí, un acto positivo y en sí mismo un acto de redención, el Vigor, es el motor del heroísmo y el amor absoluto.

El fondo de toda filosofía de existencia y sistema religioso es alcanzar la iluminación, así como de toda teoría psicológica, es encontrar la autosuficiencia y autorrealización, de la política, encontrar la paz, de la economía, satisfacer las necesidades; yo les digo que el Vigorismo viene a barrer con todo ello, acelera y libera los procesos sin distinción, un sí a todo, satisfacción de todas las necesidades, la iluminación es el vacío de sí mismo para reencontrarse con uno mismo, olvidar a todos y lo aprendido y actuar desde la pureza del espíritu, el Vigor es el corazón del espíritu.

El *espíritu* y el *alma*, ¿son lo mismo?, no, para nada, en efecto, están separados, el primero es parte del cuerpo y nace de la realidad misma, la concreta, la caótica y la material; en cambio, el alma es un concepto idealista falso y sobre todo nacido del lenguaje, un Refugio más, creado para encerrar y limitar los placeres y altos movimientos del espíritu y del cuerpo, y entonces, ¿qué implica el espíritu?

El espíritu no parte fuera del hombre, no está al exterior, sino parte del mismo cuerpo, parte de la energía vital llamada Vigor, es la representación no material del ser y de ahí reside su fuerza, su mente y su comprensión, no es igual en todos los hombres, depende de su constitución genética y materiales ancestrales.

El tiempo es otro gran tema para el hombre Vigorista, como tal él se desentiende en mayor o menor medida de todo Refugio, toda racionalidad.[45] Una de las principales racionalidades es dios y el tiempo en este sentido merece un apartado especial está crítica.[46] El hombre Vigorista no entiende de un tiempo definido ni de una razón como tal, para el vale una hora que un año o una eternidad, sobrepasa cualquier forma de ritmo y de encasillamiento de sus actividades, deseos y sueños. No vive en un tiempo lineal ni en las formas de su época, en definitiva, va hacia otra época.

En este sentido, el espíritu se acrecienta por la fortaleza y Vigor del cuerpo, por su mejora constante. La mejora constante se da por la repetición prolongada en un tiempo, la repetición, sobre todo, el repetir y el repetir en el devenir transforma cualquier resistencia en polvo, eso es fuerza, una caótica y ebria de Vigor.

---

[45] Pero no de la razón como él la entiende. Racionalidad es la aplicación opresiva de la razón de fines no propios de uno mismo, la razón puede ser lo que se decida, la razón es el poder para el Vigorista.

[46] El tiempo lineal y sus profundas consecuencias pueden encontrarse en el capítulo final de esta obra "VII. El Antisisifo".

IX. Vigorismo aplicado

En primer término, ¿cómo ser un hombre Vigorista? Debemos comenzar a darle toda nuestra energía y poder a la madre caótica y natural de todo, a esa gran tormenta y tempestad que rodea al mundo real complejo e inaccesible; ¿cómo se hace esto? Pues en primer término rindiéndole pleitesía al acceso más espiritual/natural que existe: al cuerpo y a la dimensión física.

Antes ya se habló del tipo de cuerpo como Refugio; pero aquí estamos ante la piedra angular del Refugismo, ante el desgaste y fuerza bruta aplicada en la dimensión física. Un Vigorista comienza controlando y estando conectado con su cuerpo, con la calidad de su combustible, sus motivaciones, estímulos, placeres y sobre todo el uso y desgaste del mismo; no por nada el Vigor es la meta-fuerza por excelencia.

El entrenamiento es eterno, esta es la actividad esencial del hombre Vigorista, debe ser constante con miras a la mejora física, nunca dejar de utilizar el cuerpo. El entrenamiento físico puede estar o no dentro de una disciplina de ejercitación simulada, es decir, un deporte, o bien pueden ser configuraciones físicas propias, como caminar cierta distancia, subir ciertas cuestas, realizar trabajo doméstico, elegir un trabajo donde se emplee la fuerza física es la mayor manifestación del Vigor.

La capacidad física del hombre tiene un origen y meta espiritual, no es una condena, como dice el cristianismo.[47] El entrenamiento y el esfuerzo es parte del cortejo hacia la naturaleza, sabremos que después de tanto consumir y tomar de ella, tendremos que irnos a su juicio, el cual es la muerte, pero mientras tanto podremos tenerla de forma

---

[47] Génesis 3:19 "Con el sudor de tu rostro comerás el pan hasta que vuelvas a la tierra, porque de ella fuiste tomado, pues, polvo eres, y al polvo volverás."

digna y sin decadencia a través del cortejo constante del entrenamiento físico, que el movimiento y la energía se disipen.

Todo entrenamiento tiene niveles de Refugismo, todo entrenamiento puede ser solo la simulación de un trabajo ejecutado, es más, todo entrenamiento moderno tiene estos matices, poco a poco escasean los trabajos corporales más exigentes para formar personas más racionales y automatizadas o "intelectuales" pero todo entrenamiento es necesario para poder romper Refugios y no tener dependencias sedentarias. En cambio, la automatización es propia del sedentarismo, la inmovilidad y la cobardía ante el peligro, la razón sin el físico es impotente, pero el físico sin razón es un desperdicio, parecido a una materia inerte.

Entonces, el movimiento es necesario para alimentar y fomentar el Vigor en el corazón de los hombres. Esta actitud debe de fomentarse y se complicará al notar que tan difícil es moverse en el mundo actual, todo invita a degustar las nocivas toxinas del apaciguamiento y de la quietud, de la anti-vida, del no espíritu. Pero entonces la primera aplicación del Vigor es sobre el cuerpo: el entrenamiento físico lo es todo.

Irónicamente, el Vigor también debe aplicarse a través de la recreación y el descanso o reposo. De la misma forma, como ya se había mencionado, el Refugio se aplica a través de una explotación-producción altamente intensa, pues tiene su fuerza en la negación de las necesidades vitales del ser (como lo es el descansar). Entonces, como segunda aplicación del Vigor se encuentra su descanso o regeneración. Así como en el entrenamiento, todo músculo, toda fortaleza y virtud para que pueda aflorar no solo debe de agotarse y ponerse a prueba con la fuerza repetida y aplicada, es necesario, también descansarla, darle tiempo y desarrollo, reflexionarla, que vuelva en sí; caminar en círculos trae avances e ir en una sola dirección no lleva a nada. La recreación es un sinónimo de relajación, la casualidad, la frígida superficialidad y el humor estúpido y áspero suelen ser vitalistas. En efecto, alguien con una total seguridad y competo control de su vida ríe a cada instante y no tiene ninguna consideración por el impotente y patético juicio del "prójimo", el control total de su vida significa vivir para uno mismo, no para encajar con una maquinaria popular y social, las masas son estúpidas, aunque potentes, suelen aglutinarse en la hipocresía y la envidia mutuas más allá de los sanos intereses individuales entre pares, entre iguales, individuos Vigoristas y superiores, no vulgares masas de objetos parlantes.

El extremismo es otro de los avatares del Vigor y de la fuerza de la vida, llegar al límite y a la compulsión para poder avanzar y no estar estático, es una forma de aplicar el Vigor en toda su extensión. Los cuerpos estancados, consumidores que reposan en un descanso productivo, parecido a las condiciones modernas de vida, decaen, aun recibiendo combustible y alimentos, deforman, degeneran en masas amorfas, débiles y pesadas, imprácticas para vivir la vida, entristecen y son puestas en prisión en sus propios obesos cuerpos.

Por otro lado, la compulsión activa para moverse más, el límite y extremo de toda actividad, la obsesión activa sobre un solo tema, es dedicación. El fanatismo nunca es negativo cuando aspira a un fin no individual sino espiritual, pero cuando el fin es colectivo y trata de exportarse a la masa se convierte en tiranía y Refugio. Para el mismo ejemplo, el cuerpo activo, aunque consuma alimentos en forma masiva o extrema, despliega un nivel de energía y fuerza descomunales, entre más tiene más quiere desgastar. Es un ejemplo práctico observable en todo atleta.

Otro sentido aplicado es el ensimismamiento de uno mismo; es decir, la indiferencia al exterior en un grado funcional (y cualquier apartamento del mundo lo es cuando está en paz). La actitud del Refugio para romper esté desinterés natural en los espíritus grandes es la sacralización de ciertos aspectos; esto es, la promesa de alcanzar cierto grado de superioridad con objetos y situaciones fuera del control individual. El dinero, el sexo, el alimento, los placeres, el otro; etcétera, son ejemplos de estos sagrados falsos dioses de barro.

El Vigorismo demanda solo encontrar el placer supremo en el disfrute único del propio ser y su distanciamiento-fortalecimiento del espíritu contra el Refugio estático. En este sentido, la adoración y sacralización de cualquier actividad fuera de sí mismo es un error que nos encierra en los Refugios. Pero, el hombre Vigorista tampoco es un asceta, reprimido y negador de su naturaleza humana, realiza todas las funciones corporales y psíquicas necesarias para mantener el cuerpo en perfecto funcionamiento: es decir, no escapa de las actividades naturales del sexo, alimentación, sueño y desgaste. No obstante, el Vigorismo no consume ciertas actividades por la búsqueda de la naturaleza en ellas, sino por su indiferencia total hacia ellas, son parte de la vida, no la vida en sí misma. Son, entonces, formas básicas y fundamentales para el desarrollo del cuerpo. Dejemos claro este punto, nada tiene más fuerza para impulsar a vivir que la ligereza, dureza, resistencia, velocidad y fortaleza física, esta es causa de un espíritu fuerte y no al contrario. Entonces, podremos dar un sentido básico y sintetizado del Vigorismo; este opera a través de la superación física y el entrenamiento, ante este ennoblecimiento material, el espíritu se eleva y no al contrario. Para alcanzar este nivel de sistematización física se necesitan ganas, deseo, voluntad y apasionamiento por la vida (es decir, Vigor) entonces resumimos, el Vigor nace del cuerpo y camina hacia el espíritu absoluto.

X. Vigorismo, Género y Sexo

El Vigorismo al ser un sentido filosófico plenamente aplicable a todo aspecto humano e incluso al ser tan arcaico como las primeras guerras entre Refugiados cavernícolas y Vigoristas nómadas, es imposible no relacionarlo con las relaciones sexuales y de género entre los seres humanos. En un nivel micro, nuestras moléculas, órganos y hormonas están totalmente mezcladas entre el estrógeno y la testosterona; [48] es decir, si existe una diferenciación entre macho y hembra por la preminencia de testosterona sobre el estrógeno, sin embargo, a un nivel intensivo, es decir gradual, dichas hormonas son igual de poderosas dentro de un cuerpo. Piénsese en un huevo para vislumbrar, este ejemplo, en un huevo se encuentra un plasma y mezcla de diferentes sustancias biológicas-químicas, estas no distinguen órganos, género ni formas, sin embargo, están perfectamente delimitadas a un nivel microscópico y entre más evoluciona el huevo, más se diferencia y construye órganos, partes de un cuerpo, género etc.; en suma, su intensidad decae por extensividad.[49] El género humano en sí mismo es un cuerpo diferenciado al exterior y de forma macro, ante la sociedad tenemos un género, pero de forma interna es un huevo lleno de intensidades, es decir, tenemos muchos géneros.

Esto no tiene ninguna relación sobre la sexualidad, esto se explicará más adelante, pero si tiene relación sobre el

---

[48] Las principales hormonas de las cuales biológicamente nos dan características sexuales principales, clasificadas por la biología en macho (preeminencia de la testosterona sobre el estrógeno) hembra (preeminencia del estrógeno sobre la testosterona) y andrógina (caos y choque entre diferentes niveles de estrógeno y testosterona).

[49] Intensidad es una diferencia mezclada de pura potencia, ejemplo en el color verde existe intensivamente el azul y amarillo; en cambio, la extensividad es un conjunto de partes diferenciadas, ejemplo, en un arcoíris observamos diferentes colores perfectamente segmentados.

papel que se juega, es decir, el género es un Refugio y dependiendo de tu género femenino-masculino, serás más Refugiado o más Vigorista. El género femenino y masculino está lleno de coordenadas de conducta, ambos tienen potencial Vigorista y a su vez debilidades de Refugio y dependiendo el contexto y la etapa histórica será más Vigorista uno que otro.

En esta época, el género femenino está más Refugiado que nunca, las inseguridades que trae la sensibilidad y vulnerabilidad (coordenadas atribuidas a lo femenino) son explotadas por el capitalismo (la ideología refugista por excelencia) y al ser explotadas, el género femenino se muestra como el género dominado y que se usa para dominar a los demás géneros, el hombre se feminiza, la cultura se feminiza, la ropa, la tecnología, la guerra, la lucha, en fin, todo se feminiza.

En la época romana y antigua existía una preeminencia del género masculino para defenderse de las invasiones entre diferentes imperios, esto a la larga construirá una cultura ascendiente a propensión de homosexualidad para evolucionar al machismo que en un principio contrastará con la feminidad burguesa para posteriormente convertirse en un chivo expiatorio que el feminismo explotará como enemigo y estrategia cultural.

El género, al ser una estructura intensiva, convive de forma mezclada las potencias femeninas y masculinas; por ejemplo, al ser creativo, apreciar una obra, enamorarse y al proteger a un ser más débil que uno se está en la intensidad femenina; y, por otro lado, al defenderse, debatir, pelear, ser impulsivo y al disfrutar de la disciplina y el dolor se está en la intensidad masculina; no importa el sexo, pues este último es una estructura diferente al género.

El sexo es una categoría externa, a diferencia del género, que es interna y molecular. El sexo solo aparece cuando existe otro, esto rompe con otro mito del individuo;

en efecto, si se está solo no se tiene sexo. Se necesita el reconocimiento de un Otro para que Uno tenga identidad, incluyendo la sexual, ¿de dónde deviene el reconocimiento del sexo? Bien, pues en primera instancia por las relaciones que se tienen. Toda relación es una comunicación, un menaje entre emisor receptor, si uno emite comunicaciones y el otro las recibe, se entiende un mensaje. En los mensajes existe interferencia, es decir, los obstáculos que hacen que el mensaje no se reciba de forma pura desde su emisor, siempre que exista interpretación, y siempre lo hará, habrá interferencia. En este orden de ideas, el sexo es un mensaje y es uno de los pocos mensajes que llega sin interferencia, otro mensaje puro es la violencia. El sexo al ser un mensaje puro sin interferencia es absoluto como casi todo impulso natural, y es por ello que el Refugio trata de pervertirlo dotándolo de un aspecto interno y natural.[50] Esto no quiere decir que se puede "cambiar" de sexo o elegirlo, al contrario, que al ser algo tan puro y determinado no se puede elegir, sino que se fija absolutamente. Del sexo no se escapa.

El sexo se determina por la elección y apreciación del otro, una vez elegido el sexo no hay vuelta atrás y se debe cubrir el sexo de forma natural, alejándola de todo perjuicio interno o moral —como el cristiano— y de igual forma de toda influencia ideológica, social —como el progresismo y generismo—. Debe ser un acto autónomo de las dos partes y en ese aspecto son los emperadores y reyes; solo así se garantizará la fuerza desatada que el sexo genera en las parejas, se genera Vigor a través del sexo, el sexo libre y natural.

El sexo Vigorista, es el libre sexo; no es el sexo libre e imprudente del progresismo, que al asimilarlo a la identidad individual consumista lo vuelve una mercancía y lo

---

[50] De hecho, están invertidos, el género es interno y espiritual, y el sexo es externo y determinado por vínculos sociales.

alinea, limitándolo, reduciéndolo y en última instancia no satisfaciéndolo, con el fin de consumir más placebos, el sexo es superior y debe ser satisfecho obedece a una necesidad vital y social, por ello el sexo Vigorista y libre en el sentido de explotación una vez que se relacione con el sexo deseado, solo así uno podrá engendrar la energía y movimientos necesarios para perpetuar la vida. El sexo debe saciarse de todas las formas posibles e íntimas, colectivas e individuales.

XI. PAGANISMO VIGORISTA, CRISTIANISMO REFUGIADO

En el terreno religioso podemos aglutinar dos fuerzas opuestas, cada una representante de las dos posturas: el Vigorismo y el Refugio. El Vigorismo es símil al paganismo, ya que al igual que éste, es dinámico, sin normas preestablecidas. Es de conocimiento común que, aunque existen libros fundacionales de las religiones "paganas" pocas veces estos textos sagrados tienen el carácter de normas, son más bien ejemplos de principios más elevados, más naturales, que, como hemos mencionado antes, apelan al movimiento eterno del caos.

Por otro lado, el cristianismo es todo un verdadero movimiento político, todo un sistema jurídico que determina conductas no mediante evidencias o ejemplos, sino con dogmas inamovibles y pesados, el cristianismo es toda una teoría de la verdad, es decir, todo un Refugio. Como los Refugios, el cristianismo pide obediencia absoluta y a cambio propone una respuesta a la salvación, la seguridad eterna; el paraíso es el infierno del placer y consumó automático, es el comunismo hecho carne, sin caos ni conflicto.

La visión anterior no solo es falaz, sino que es totalmente antivitalista. Si el cristianismo ha estado relacionado con la inmovilidad y la estabilidad, es decir, la comodidad y la decadencia; justamente cuando el imperio romano adopto, las formas cristianas devinieron en un Estado fallido; por otro lado, el paganismo, ha sido revitalizado una y otra vez en formas de tribus urbanas, en tribus, manadas y turbas. La gregaridad del ser humano se refleja en la intensidad del paganismo que exterioriza, se es pagano al juntarse con los similares, no es al aglutinarse ante un poder superior espurio.

Existen tres diferentes reflexiones en torno al Vigor y el Refugio, la primera es la culpa, la responsabilidad y cómo la religión ha jugado con estos conceptos para ejercer el control; la segunda es la politización que hace del placer y el deseo; y la tercera es un teorema y dilema de un dios creado desde el futuro.

A) LA CULPA Y LA RESPONSABILIDAD

La primera cuestión: ¿Es lo mismo *culpa* que *responsabilidad*? La culpa es un concepto judío-cristiano, que tiene como base el castigo y el miedo al remordimiento, es una venganza, un lastre moral que se actualiza con el sufrimiento de ser lo que se es; me parece incorrecto. La culpa nace de la noción de que el hombre tiene el total control de sí mismo; que lo exterior no influye de ninguna forma en la decisión y acción del individuo, cree en el individualismo y condena al ser a un sufrimiento por su actuar. Solo en un mundo individual ideal la culpa es plausible.

La culpa, un medio de control contra la aristocracia y la acción individual, contra la libertad y tiene el propósito de mantener el *estatus quo*; niega el cambio y la revolución de paradigmas, el rompimiento y la violencia, de hecho, niega el movimiento mismo, es un concepto sedentario y perezoso.

Si la culpa presupone nuestra maldad y maldición *a priori* ¿qué alternativa tenemos frente a nuestros benditos errores? Tenemos un concepto pre-moderno y pre-individual, lejos de esta asfixiante dictadura del liberalismo: La responsabilidad y el acto de responder. La responsabilidad es el antagónico de la culpa, es la real afrenta hacia nuestros fallos. La responsabilidad, como el término lo indica, tiene que ver con "responder" y el actuar; es la antípoda de la culpa, la responsabilidad no es un reproche, es la llamada a la acción.

La responsabilidad puede ser vista como la reacción de un error, aunque esta no sea "automática" si es consciente, voluntaria y gradual; a veces puede ser inmediata, pero depende de las circunstancias; pero sobre todo —y creo por esto está hoy abandonada hoy en día— la responsabilidad es sacrificial y disciplinada.

El mundo posmoderno e hiperconsumista le tiene una fobia enorme al dolor, ya todas sus especies derivadas de él, tales como la disciplina y el sacrificio; abraza, él consumó como paliativo, adormecedor como una droga. La responsabilidad contesta y actúa, reside en la acción y no la lamentación. La culpa debe ser rechazada, no existe el bien y mal absoluto, se combate al enemigo desde la propia dignidad, no se le combate por miedo; todo ser tiene los demonios dentro, ¿responderemos?

¿Cómo saber responder? Si al dar respuesta de forma inmediata se nos trata de inmovilizarnos por la "culpa" y a su vez se nos individualiza, se nos aparta y se nos relativiza; estamos encadenados a nuestros prejuicios occidentales y judíos. Los prejuicios tenemos que arrojarlos a la hoguera. Una de las tácticas de la culpa y el individuo es la del *karma* éste, es otro concepto religioso, esta vez importada del mundo hindú. Pero el karma es la maldición absoluta, el castigo sádico del existir eterno, pero aún, si la culpa te hace caer en el error de uno mismo, el karma es pagar los errores del antepasado, el karma es la tecnología del poder más desesperada del linaje y la familia.

El karma te castiga las malas acciones del pasado, en otra vida futura. Este esquema presenta de por sí un gran problema para la seguridad jurídica, el pensamiento religioso oriental es fatídico, sádico y degenerado y por lo mismo decadente y depresivo, sedentario y anti-movimiento, no pretende dar ninguna seguridad ni racionalidad; es en cierta medida, bastante estúpido.

El karma propone una fórmula simple para no actuar; una vez más, evadir la responsabilidad y el movimiento, la acción y construir. El karma es destrucción y no prospectiva. Opongo al término *karma*, el del *dharma*, destino o providencia. El dharma es la consumación de tu camino natural, destino y accionar, sin importar las consecuencias y que actos se lleven a cabo. Tal parece que el dharma invita a la acción; como en la historia del príncipe Arjuna recogida en el Bhagavad gita.

Arjuna es un príncipe hindú que de menor es relegado del poder por un familiar y que es maldecido por no cumplir su "destino" divino de gobernar. Su suerte no le da buena cara y es víctima de desgracias hasta que ya adulto el dios Shiva lo elige para restaurar su dharma y lo entrena y enseña un conjunto de conocimientos para regresar y destruir al rey espurio. Una vez que Arjuna regresa y está listo para combatir, duda y no se atreve a luchar con su ejército, la razón, porque muchos de sus conocidos perecerían en la guerra; Shiva enfurece ante su pasividad y se transforma ante él como "el destructor de mundos" y obliga al príncipe a actuar y completar su dharma aunque destruya a sus amigos en el proceso. De ahí que Oppenheimer, el físico creador de la bomba atómica, citará el fragmento de la leyenda "soy el destructor de mundos" pues su destino como científico estaba aparejado a cortejar a la muerte como Arjuna.

El dharma es entonces un actuar, el cumplimiento de un deber, aunque éste tenga inmersos actos abominables ante la moral, pero demás de forma totalitaria. El dharma maldice, irresponsabiliza y paliativamente tranquiliza y abruma el espíritu.

En este valle de calamidades, aún falta un concepto, el del "penitencia". El castigo concreto o penitencia nos remite a la culpa individualizada y al cargamento sádico y solitario, es un castigo de pena que nunca terminará. La penitencia es una encomienda de dios al hombre para enmendar sus fallos, lo que vuelve insoportable la penitencia, debido a su carácter exterior y heterónomo.

Una vez más el Otro como juez, como el elemento heterónomo que nos aleja de la vía de acción y la responsabilidad. La penitencia es eterna y humillante, es la derrota y la esclavitud, no responde ni arregla nada, solo indemniza, es un paliativo, no una cura.

Deberíamos de oponer al concepto de penitencia, el de la condena. La condena es, de igual forma, heterónoma, pero no encomienda nada, es un insulto, es la señalización del error, pero no pide acción, nos libera de la moral, estar condenado es trágico, pero liberador, es ocupar su cargo en la corte de lucifer. La condena, de igual manera, nos da un reconocimiento de las acciones y errores; dando pie a la respuesta.

Los condenados son una estirpe de señores, líderes aristocráticos y orgulloso, conforman la acción a un fin político transformador y creativo, es Vigorista, contrario a los moralistas, culposos y perezosos, penitentes que nunca saldrán de sus cuevas y de sus Refugios, mientras los condenados reinan en las más alturas del infierno.

B) EL PLACER Y EL DESEO

El Vigorista siempre busca ser más Vigorista, como la guerra, más guerra, la inteligencia más inteligencia, toda forma existencial del universo busca su propia potencialización. Aquí hay un fenómeno interesante.

Antes del rompimiento con los "lazos del mundo y su creencia" es decir, antes del comienzo de la era moderna de la técnica y la deshumanización, des-barbarización y el abandono del salvajismo hacia la fría domesticación; el hombre tenía una relación iniciática con el dolor. El dolor era visto un paso fundamental del crecimiento y aprendizaje humano, inevitable, el dolor conformaba un vaticinio de una vida duradera; como, por ejemplo, los mártires religiosos y los pasos de iniciación de las tribus requerían dolor físico y psicológico. No obstante, cuando el humano a raíz de la modernidad se puso en el centro del mundo, cambió las creencias y vaticinios místicos por los cálculos racionales.

En el mundo del cálculo, vivir es ganar y morir es perder, el dolor trae consigo la ruina y muerte y no es productivo, en cambio, la salud produce y mantiene un estatus de productividad y de trabajo, por lo tanto, la adoración al dolor debe desterrarse. Lo contrario del dolor es el placer, el goce y la sustancia que se goza, tal como lo mencionan psicólogos como Lacan y Freud. El goce o placer es la satisfacción del vacío y la falta; según esta teoría, siempre tenemos una falta, la cual debemos llenar a través de toda la vida. Sin embargo, el dolor puede ser visto y perseguido como la retribución de la falta más allá del placer.

En este orden de ideas, Michael Foucault sostuvo un debate con Gilles Deleuze sobre la forma de potenciar el goce: para Foucault el placer era el fin único del goce, en cambio, Deleuze mencionaba que es el freno al placer o su no satisfacción lo que lo potencia. Foucault veía en esta "procrastinación" del placer una forma masoquista y violenta, es decir, el goce a través del no placer. Deleuze, en cambio, veía al placer como el límite y el punto final del deseo, ¿cómo sabes que deseas, si justamente cuando tu deseo se desarrolla lo quieres apagar con placer? Esto anterior explicaría muchas patologías de la sociedad de consumo automático actual.

La sociedad actual no es masoquista, es sádica, pues el sadismo es la tortura por privación del deseo. Ejemplo: un sádico no torturaría ni maltrataría a un masoquista (en el ejemplo Deleuze dice "si el masoquista pide por favor al sádico que lo maltrate, el sádico se limita a un cruel: no") La sociedad se basa en la falta de deseo no en su negación.

La búsqueda del placer es una forma de negar el deseo, pues interrumpe su crecimiento y las formas que puede tener.

Las revoluciones, violencias, creaciones y potencias humanas están relacionadas con el deseo y son alcanzadas en sus formas más eficaces y sublimes, no cuando alcanzan su objetivo ejemplo, imaginen que el nacionalsocialismo hubiera alcanzado la exterminación del judío ¿qué nos queda del nazismo después de eso? Entonces la potencia está en el masoquismo no en el hedonismo.

El fenómeno *incel* (involuntarios célibes) ha llegado de forma disruptiva a la sociedad. Un grupo de jóvenes que no tienen sexo, según ellos, por formas estructurales del sistema, culpan tanto al romanticismo, al feminismo, al capitalismo, la modernidad y al progresismo de la falta de sexo. No hay puntos erróneos, la técnica despoja la creencia en el mundo, y sin este lazo, uno se vuelve autosuficiente y tiende a objetivizar el mundo (personas, actos y valores) transformándolo todo en un río de mierda líquida.

Sin embargo, se han tomado como estandarte desde el estoicismo antisexual como el masoquismo violento que, como hemos señalado, ha evolucionado y eclosionado en una ideología ultra viril, violenta y al menos en el texto y la idea, proclama una forma proponente la violación como arma sexual contra las mujeres y minorías sexuales. Este es el resultado de la potencia del deseo en vez de su interrupción. Aunque el sistema quiera apaciguar, esté deseo con "placeres" como pornografía, *Only Fans* y putas; la realidad es que ya no se busca el placer: si se llega a poder tener sexo, el sexo del futuro será la violación.

C) El símbolo y el poder

En el Vigor, la existencia se transforma en pura potencia, virtualidad e intensidad; esto no es otra cosa que cuando ciertos estados irracionales y afectivos alcanzan umbrales que fusionan memorias, umbrales, vivencias, sensación, habito y entendimiento. Tempestades como desastres naturales, acontecimientos políticos importantes, una aventura amorosa, un pasaje de un libro o de una película pueden forzar las sensaciones para producir el Vigor necesario. Algo tan simple como el color puede lograrlo; el amarillo y azul en Van Gogh es un ejemplo de ello, o las retorcidas figuras de Otto Dix y Picasso.

En este orden de ideas, el signo es una llave hacia el Vigor, en suma, las afecciones convertidas en símbolos y estos en pensamiento y acción. Los jeroglíficos, para comunicarnos y no el logos, es ser forzado a interpretar, a generar sentido frente a la realidad atemorizante, es forzar a vivir de forma Vigorista. Hablemos del símbolo del Vigorismo el cual denominé Metalfa.

El Metalfa consta de cuatro elementos principales individuales; estos en conjunto significan una sola idea. El primer elemento es la letra *alpha* o alfa; (A) la cual en la antigua Grecia representaba el "absoluto" y la eterna creación; la extrema positividad, es el principio activo y en varias religiones representa la vida o de forma dicotómica el principio femenino de la creación. La inmutabilidad del alfa nos remite al Refugio:

A

El segundo símbolo es el *Omega* (Ω) tiene un origen griego y es el contrario del alfa, es decir, es la negatividad absoluta. El omega es la muerte y destrucción, pero también lo mutable y dinámico, la erosión de lo natural. En suma, si el alfa es el inicio del camino, el omega, por su parte, es el final. El omega es visto como el principio masculino de la guerra y el vacío, el abismo.

No por nada, la unión de estos símbolos *alpha* y *omega* han sido sinónimos del fin y del inicio, la omnipotencia absoluta y de dios mismo.

El tercer símbolo es el círculo, la figura geométrica divina por excelencia (O) el círculo es la perfección geométrica, pues en su univocidad y vacuidad encierra una individualidad absoluta y totalitaria. La figura circular ha sido históricamente representante de los ciclos y la naturaleza, el tiempo y el "eterno retorno" En la teoría nietzscheana es la complejidad de una vida satisfecha; pues has de vivir tu vida como si al final se repitiera eternamente. El círculo es, pues, una bendición del infinito mismo y a su vez una maldición, pues, que todo se repita en un *loop* no es más que lo estéril, aburrido, impotente y existencialmente realista. Muchas culturas han tomado al círculo como una metáfora del destino y la naturaleza, así como avatar de la sabiduría matemática geométrica; por ello, el "uroboros" o serpiente que se muerde la cola; el gigante (también serpiente) Jörmungandr "la serpiente del mundo" es un personaje mítico nórdico que envolvía al mundo reteniéndolo en orden. El círculo siempre está llevándonos al punto de inicio, nunca libres de forma total. Esté círculo negro, agujero oscuro, es también a su vez la geometría de la "rueda de la fortuna" este símbolo de las eternas posibilidades y múltiples devenires, siempre vibrando y en caos, equilibrio e infinitud.

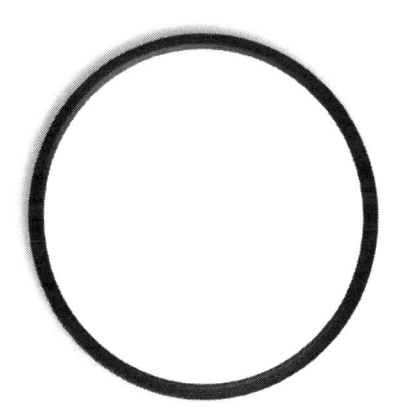

El último elemento que conforma el Metalfa es una combinación de dos figuras simbólicas: la serpiente o basilisco y la flecha. La flecha o vector hacia la derecha siempre ha sido un signo disruptivo que simboliza el avance, la velocidad y la aceleración, una flecha tendría que atravesar la vida y la positividad infinita, rompería en dos el ciclo del aburrimiento eterno. Por otro lado, la serpiente siempre ha sido un animal sabio y astuto, no por nada el judeocristianismo lo eligió para simbolizar el conocimiento maléfico de lucifer: el enemigo de dios. La serpiente encierra un significado más profundo, puesto que también es la forma de la omnisciencia y astucia necesaria para cumplir los fines terrenales; no obstante, siempre ha sido incomprendida.

Finalmente, el Matalfa en su conjunto, representa la idea del vencimiento de lo eterno y positivo por una aceleración de avanzada hacia delante; rompiendo tanto con el *alpha* como con el *omega*; y que dicha flecha de guerra tenga la forma de una serpiente nos remite a la deidad suprema: la astucia.

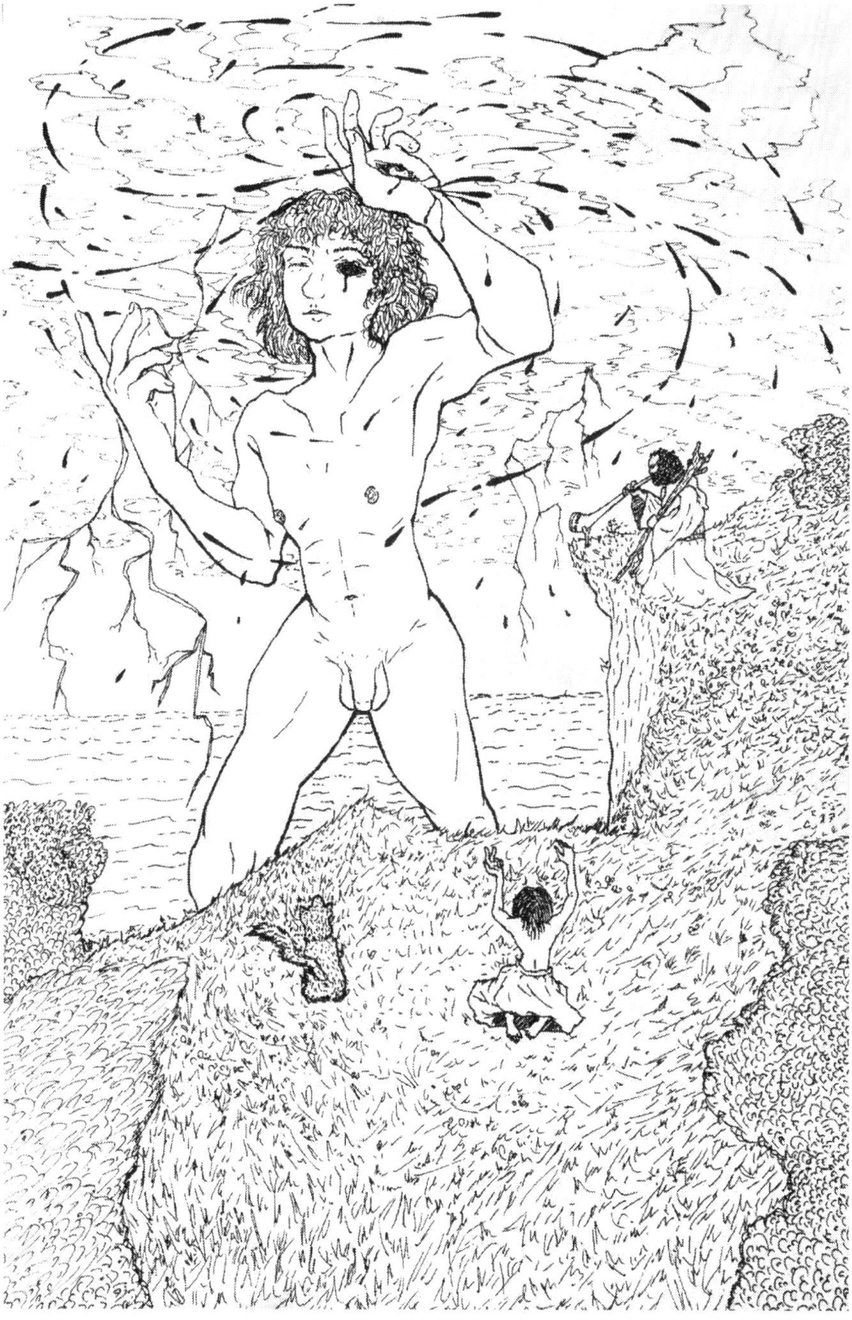

XII. La lucha entre Refugiados y Vigoristas

La finitud del Refugismo es trágicamente dharmática, es decir, está predestinada a que el Vigor venza, esto gracias a que la naturaleza del Refugio es ser decadente, toda materia se agota y muere después de un determinado tiempo; todas las moléculas y las partículas de la que la realidad forma parte están chocando unas contra otras, en una eterna lucha de autodestrucción, nada queda inerme y nada es inmortal; todo Refugio termina por caer.

Por más que se tenga la apariencia de paz en nuestros estados industrializados, automáticos y con redes digitales, es tan solo eso, una apariencia, la realidad son las guerras y el cambio climático que nos arrastra en una vorágine de finitud y muerte. No solo la idea de la lucha eterna es un síntoma de que el Refugismo decae, sino que, al final de todo Refugio se encuentra la lucha del Vigor en los terrenos de la naturaleza; sin exagerar, la naturaleza es el reino de la destrucción, sus reglas son tan absolutas como poco claras y la única luz, tenue por cierto, que tenemos para observarla es la "ciencia" poca cosa ha logrado la ciencia, mientras la muerte reine y es seguro que lo hará al final de los tiempos, la ciencia no puede, sino tratar de hacer esté viaje más cómodo.

El reino del Vigor que es la naturaleza y el caos no puede ni debe ser cómodo, es más, destruye la comodidad con un hambre tan fuerte que en poco más que un pestañeo consume estrellas, puentes, vidas y galaxias enteras. El Vigor, por lo tanto, es imparable, pues éste es el eterno devenir que todo lo cambia y todo lo modifica, lo anterior constituye la evidencia más absoluta contra el carácter mentiroso y espurio del Refugio: una regla final, el cambio, el

Vigor y la destrucción no se pueden parar, la muerte es el camino final.

No obstante, esta verdad es demasiado, valga la redundancia, absoluta, es muy limitante y es totalmente aterradora para algunos, de ahí que siempre al aparecer algo poderosos como la verdad, encuentre su resistencia del lado del contrapoder; el Refugio siempre acompañara al Vigor, siempre estará persiguiendo aquella ilusión de resistir el cambio, está, de igual forma en la naturaleza, pues como hemos mencionado antes; el propio Vigor no es más que la lucha eterna y está lucha generara los cambios necesarios para generar más luchas, y así indefinidamente.

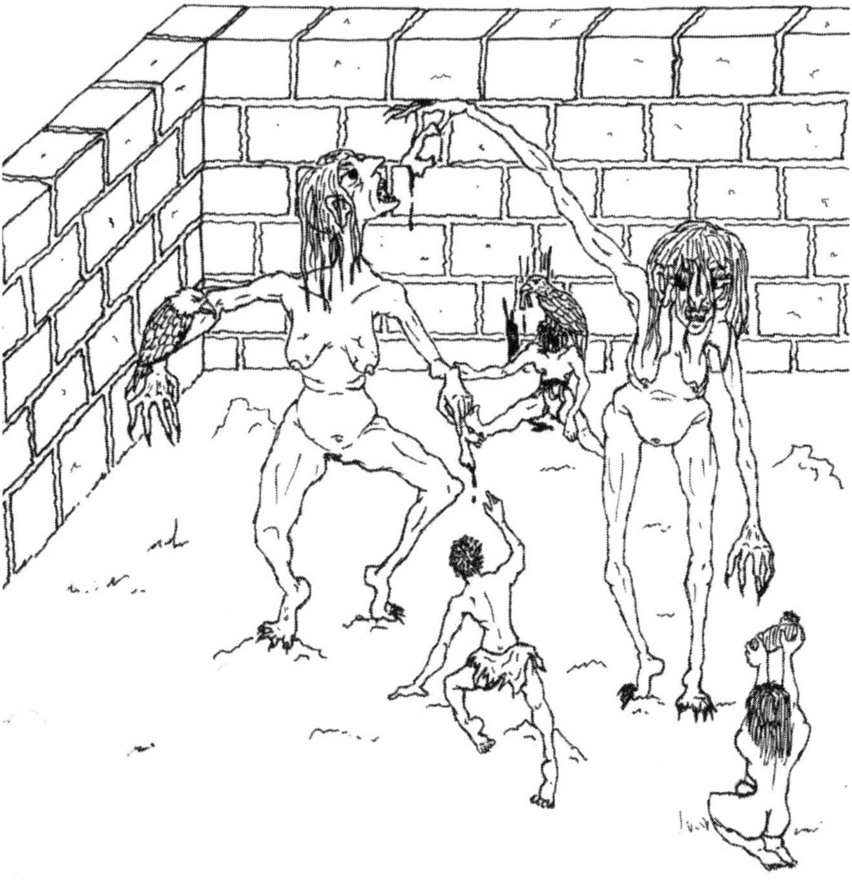

XIII. EL ABISMO

> ¿Podrá mi corazón, helado por la edad y las penas, sentir las ilusiones de otros tiempos? ¡Ah! Vengan, acérquense, lleguen a mí, dulces imágenes, porque cuando del señor de las nubes húmedas las vea venir hacia mí, ¡es extraño!, siento mi corazón conmovido, se estremece de juventud ante la influencia del fresco ambiente que impulsa hacia mí, su falange.
> J.W. Goethe, *Fausto*

Comencemos por una afirmación: se han roto las cadenas del ser, el vínculo con el mundo y con la creencia, con la vibración, con el movimiento, vivimos la época del mundo sin ser, sin vínculo, creencia o religión, no estamos religados. Pero, desde adentro, desde lo inmemorial, yace eternamente lo intenso, amorfo, horrífico y lo abismal; ahí donde el ser aún existe en toda su inmanencia.

Todo está inmóvil en su continua y centrifuga aceleración, entre los cuerpos, las luces y los movimientos, nada está quieto, empero, todo está vibrando. El hermetismo es el paso fundamental entre el modernismo racionalista cristiano-judaico y el mundo de la magia y antigua realeza esotérica; un mundo de héroes y no hombres; de iniciados y de aristócratas; las cadenas que el ser perdió, no las encontrara en la modernidad democrática.

Para volver a creer en el mundo se necesita la conexión mágica del hombre y su bestialidad. La magia no es más que irracionalidad en su estado más racional, es la raíz de la autenticidad y realeza por encima de las formas vulgares de igualdad que la democracia pregona. Es la magia en sí misma la forma sublimada del orgasmo y la fantasía. A los locos y desaliñados los excomulga el sacerdote de la salud y la moral, sinceramente, el orden de los esclavos nunca nos ha abandonado, está justamente encima de nosotros, pero por otros nombres.

Pero la solución de toda represión externa es la liberación interna y espiritual, el mundo está dentro de nosotros y es voluntad, como mencionaba Schopenhauer. No será la solución al abismo, algo evasivo, no; me refiero con lo anterior que por naturaleza misma el Vigor nace de adentro para afuera y el Refugio se construye del exterior hacia dentro. La libertad máxima es la elección de la obediencia. En este sentido, el Vigor será una vida monástica, mística, alejada del máximo Refugio de la sociedad, blasfemando contra la vida y extendiendo la voluntad en un eterno y absurdo ejercicio mental y físico hasta que la muerte o la voluntad misma en forma de suicidio nos alcance.

En las antípodas de la desesperación siempre existirá la forma de santo y mago dentro de nuestra fuerza intelectual, de nuestro esoterismo y de nuestras entrañas, al final de cuentas el sol negro no es nada más que el vacío dentro de nosotros que desgarra nuestros músculos y se aflora en la violencia que ejercemos.

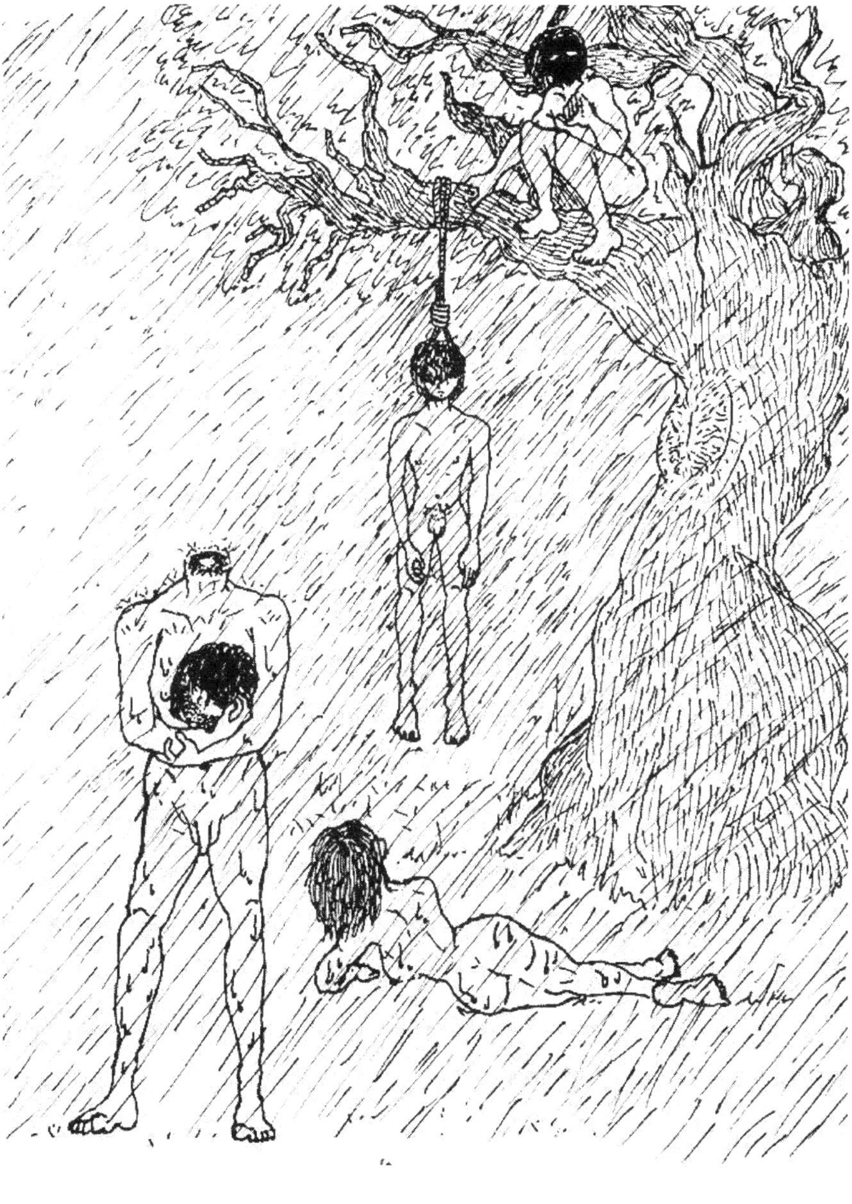

Apéndice: Otros textos

Ahora bajemos a mayor castigo.
Dante Alighieri, *Divina Comedia, Infierno, Canto VII*

I. Pornocracia

El sexo ha llegado al poder, se ha imbuido y tomado el control de todas nuestras ideas, motivaciones, causas y fines, se ha establecido como un ideal a seguir en sí mismo, se ha divinizado y se le han rendido tributos, esfuerzos, guerras y vidas a él. Pero no es cualquier "sexo" es el sexo sin sexo, es decir, es el sexo pornográfico, o sea sólo gráfico, visual, virtual, es una imagen, una potencia, pero no es sexo real, no es un coito, una penetración, una caricia, un beso o un estímulo, es sólo una idea, es un ideal, un concepto, un balbuceo una serie de signos en una hoja, un sistema, una grabación y una ilusión. El sexo en el poder sin sexo real: esto es, la pornocracia.[1]

La pornocracia, como se mencionó antes, está imbuida en todo el sistema actual, es la forma en que se ejerce el poder, pero esto no se vislumbra a primera instancia, tendremos que sumergirnos en un poco de historia y de ejemplificación para poder destapar nuestras vendas de los ojos y observar el poder extremo de la pornocracia que hoy en día representa el poder máximo de la razón y la moral cristiana en el mundo.

A) Viva el alma, muera el sexo

Hace mucho tiempo un imperio formado a raíz de tres razas históricas: sabinos, etruscos y latinos. Estos tres pueblos conformaron lo que posterior se llamaría *Roma*. Este proyecto dominó a otros pueblos aledaños, como los griegos, e instauraron un reino de mitología, héroes, política, religión y prácticas que influyeron enormemente a toda la humanidad, incluso más allá de occidente.

---

[1] Porno y Cratos, es decir, representación del sexo o prostitución, que únicamente representa el ejercicio del poder a través de las representaciones sexuales.

Pero Roma tenía un problema, sus tres grandes estirpes de fundadores no eran iguales, los Etruscos eran sabios, tranquilos y virtuosos, los Sabinos eran arrojados y nobles; pero los Latinos eran una escoria, eran primitivos, estéticamente inferiores, egoístas, ambiciosos y cobardes, sobre todo cobardes, eran unos Refugiados que llegaron por infortunios del destino a formar Roma junto con las dos otras grandes razas. En este sentido, estaba sellada Roma a degenerarse por la influencia latina, todo lo negativo deviene de ellos, son unos esclavos que se aseñoraron de los amos Etruscos y Sabinos para sobrevivir.

Los Latinos en su inmunda ideología de Refugiado influyeron en ideas políticas, religiosas y económicas que terminaron por degenerar Roma y sus pueblos dominados —judíos y griegos— para posteriormente autodestruir Roma; sus ideas del poder de dominación y búsqueda de superficialidades trajo consigo la destrucción del imperio y la contaminación de occidente. Fueron dos los pueblos que más se influyeron en esta decadencia, creando sus propias decadencias: Grecia e Hispania.

Primero nos ocuparemos de la cuestión griega; los griegos eran un pueblo alegre, divertido y con potencial de vida, alejados de las *polis*, comenzaron a crecer personalidades fuertes que se escapaban de los Refugios seguros para entrar en las realidades; tal es el caso de Tales de Mileto, Heráclito y de Parménides.[2] No nos ocuparemos de sus obras e ideas en este ensayo, pero si advertimos que eran filósofos reales con trascendencia en la realidad. Lamentablemente por la decadencia ya acontecida en el pueblo griego, comenzó una filosofía bastarda, cobarde, refugiada y que ha traído más insatisfacción e infelicidad que mil bombas atómicas, de igual forma, es la base del poder pornocrático: el *idealismo* y la *razón*.

---

[2] Grandes filósofos considerados como *presocráticos* los únicos filósofos griegos de verdad.

Sócrates, Platón y Aristóteles fueron una serie de filósofos cobardes y decadentes que al repugnarles su realidad —parecido a lo que les pasa a los feos y razas inferiores como los Latinos— odiaron toda realidad y valor aparente, o sea lo único real, de la vida y jugaron a crearse un mundo "real y perfecto" un mundo más allá de los sentidos, un mundo donde todos estaríamos en perfecto estado sin sentir nada, dependiendo del *nivel de razón* y virtud practicada; en realidad son patrañas, este idealismo de la razón fue en realidad el primer sermón al hombre superior y feliz, fue un reclamo de parte de los cobardes que tenían una miseria de vida. No existe el mundo ideal, nadie lo ha visto, nadie ha trascendido y nadie lo ha encontrado es una mentira, una esperanza, un consuelo de los débiles mojigatos. Estos filósofos veían hasta el amor carnal como *imperfecto* hablaban de un amor *ideal* platónico, no hay nada más estéril y anti-amoroso que ese amor *perfecto*, como veremos más adelante.

Por su parte, Hispania imbuida en estas ideas y conquistada e influenciada por la Roma multirracial decadente latina, decidió conformar un imperio tan nefasto como corto y decadente que por los mismos azares del destino conquisto América, éste continente digno de atlantes y de placeres, trajo consigo su religión de esclavos judíos: el cristianismo, que para entonces era el heredero legítimo del imperio romano y su ideología, también ya tomando elementos del idealismo de los tres decadentes griegos, era por ende la conquista de los peores sobre los mejores, del débil al fuerte, era, pues la genealogía de la moral de la pornocracia.

Tomémonos este apartado para hablar del cristianismo como proyecto romano idealista y su forma de proceder, ya que es la misma que el actual *capitalismo* que en este ensayo reconozco como pornocracia. El cristianismo tiene como fin instrumentalizar y despojar al ser humano de sus impulsos vitales, es la muerte en vida. Como tal, trata de eliminar tres aspectos fundamentales: el sueño, el hambre y el sexo. Las tres necesidades básicas del ser humano.

B) EL CAPITAL, EL COMUNISMO Y EL POSMODERNISMO

Hay que entender que el término *cristianismo* es igual al *racionalismo*. La razón despojará al ser humano de sus pasiones y sus claroscuros, lo acomoda y hace que decaiga, lo destruye por dentro sólo para funcionar como una vasija y tabula rasa que tenga el fin de producir y ser producido por las clases judías altas. En este proceso, se han ensayado tres subdivisiones del racionalismo para evitar las pasiones humanas:

• El capitalismo-liberalismo-esclavismo-meritocracia: trata de eliminar el descanso en el ser humano, destruir su ímpetu y energía para que se arrastre a la pereza o bien al autosometimiento ultraproductivo. Se busca con estas ideologías liberales culpabilizar al ser humano y que entre en una vorágine de consumo y producción, que sea su propio amo y esclavo y se explote a sí mismo, negando todo descanso. Ya existen varios discursos de emprendimiento donde recomiendan dormir 3 horas al día y demás estupideces;

• El comunismo-marxismo-socialismo-populismo-indigenismo: el objetivo de este segundo eje es arrebatar el alimento y consumo al ser humano; es irónico, pero el consumo excesivo no trae saciedad, aquí hay dos vertientes. La primera vertiente es la de la escasez, la del miserabilismo, es decir: no comer, no poder alimentarse, ni física ni espiritualmente; las purgas comunistas, los regímenes de hambre de izquierda y la prudencia cristiana con respecto la gula maneja esté discurso; la segunda vertiente se relaciona con el consumo excesivo que no sacia, sino que

genera una adicción tanto a la comida como a las drogas y bebida;
• Posmodernismo-transhumanismo-progresismo-feminismo-homosexualismo-animalismo-pornocracia: este tercer estadio del racionalismo busca despojar al ser humano de la tercera necesidad vital: el *sexo* y disfrute de la *libido*. Como tal, se hará a través de moralismos o desexualización del hombre; el varón, al tener mayor disponibilidad sexual, cumple la función de enemigo y para él hay una gama de ataques desde el feminismo, homosexualismo y el transhumanismo animalista, se busca que dejen de follar, que sean moderados en cuanto a su testosterona, como no todos los varones se dejan llevar por ideologías judías, muchos caen en el consumismo, pues despojados del sueño y hambre recurren al sexo fácil, el cual no sacia la libido, es más, se crea una amalgama tecnológico de pornografía que *satisfaga* el sexo sin satisfacerlo, ésta última modalidad es la Pornocracia.

C) *ONLY FANS*: ESTRUCTURA PORNOCRÁTICA

Los tres grandes despojos del sueño, hambre y sexo, no funcionan de forma aislada, están interconectados; por ejemplo, se sabe que al faltar de satisfacción sexual se suele recurrir a endorfinas de bebida y comida; o al revés al estar en constante insomnio se busca la masturbación patológica pornográfica, son todas unas estructuras que a su vez buscan la producción capitalista y explotación social del hombre.
En este tenor de ideas, el régimen Pornocrático incluye las tres vertientes; es una tecnología de poder descomunal. Con los avances digitales, la tecnología Pornocrática ha generado la síntesis perfecta del *no sexo*, pero situando el sexo en el poder, es decir, la Pornocracia en concreto. *Only Fans* es una estructura digital que permite subir contenido

pornográfico a cambio de una suscripción de pago por parte de un consumidor digital, que remplaza la comunicación real por el consumo virtual.

No sólo se encadena financieramente al consumidor y a la pornoservidora, sino que genera un discurso metasexual de las relaciones humanas. Todo tiene que ver con el sexo, todo es sexual y erótico, pero a su vez se niega, es frío, frígido y represor. Entre más pornografía se consume menos relaciones reales se consuman, sin satisfacer el sexo, se ha despojado del sexo al hombre. Ensimismado, el sujeto sólo se puede masturbar a través de una serie de cogidos digitales que llamamos *Contenido*, ensimismado, es incapaz de tener sexo real, nos aterra el sexo real.

D) EL MIEDO AL SEXO REAL

Los *milenials* y *zentenials* —personas jóvenes nacidas entre 1980-1999, y 2000 en adelante respectivamente— son las generaciones que menos sexo ha tenido; así es, nuestros padres y abuelos vivían en una sociedad machista, patriarcal, conservadora, religiosa y con mucho pudor; y, aun así, tenían más sexo, disfrutaban más la vida y vivían más, ¿cómo es posible que la generación de la liberación sexual, la globalización, la comunicación espontánea y la autonomía no pueda relacionarse, tocarse, gozarse entre sí? La respuesta es la racionalización de la vida humana, la cual, deviene líquida, automática y vacía.

No sólo es el hecho, de que la razón enfría la vida y la mata lentamente, también es el pensamiento calculador, la fórmula de vivir es igual a ganar y morir es igual a perder. En este pensamiento todo lo que amenace la vida por fuera y dentro es un enemigo que se debe evitar, no sólo es la desventaja económica, los virus y los extranjeros, también es el amor, el miedo, la responsabilidad, el esfuerzo y las dietas. El amor es una representación máxima de la Otredad. El amor, la atracción y el sexo incomodan, sacan de la estabilidad al *Yo* sujeto, es una fantasía que desestabiliza nuestra forma de gozar nuestro tiempo, emoción, pensamiento y metabolismo. Incluso el sólo hecho de que nuestro placer está destinado al arbitrio de otra persona, es un pensamiento para el hombre posmoderno, aterrador, es incluso ofensivo, no empodera en lo más mínimo, al contrario, nos esclaviza y libera nuestra voluntad, incluso de nosotros mismos.

El miedo al sexo por parte del sujeto posmoderno, es el mismo miedo al de la muerte, el miedo a lo sublime y trascendental, el miedo al esfuerzo de salir del ensimismamiento. Se trata de racionalizar el discurso antisexual, por motivos económicos de demografía, políticos, de autonomía y feminismo, o bien, por el hecho de diversidad de género, ahora se reconoce la sexualidad como género, cuando debe ser un síntoma de una gran depresión espiritual posmoderna.

Se dice que el orgasmo más intenso se parece a una pulsión de muerte, incluso duele y se intensifican los sentidos, se dice que justo esa mezcla de químicos es lo que sentimos al morir. La intensidad de la muerte es la intensidad del sexo, el sexo es el goce y el goce deviene en vida y movimiento; todo discurso ultra sexual y antisexual tiene el mismo dueño. Hoy en día será más fácil ver un abrazo ideológico entre un cura inquisidor y una feminista de *Only Fans*.

E) CONCLUSIONES PUNTUALES

El mundo de la razón mata al mundo de la vida en un orden calculador con el fin de transformar al sujeto en una herramienta productiva;

La primera forma de razón para este objetivo era despreciar lo humano y abrazar lo divino, para destruir las tres necesidades humanas corporales: el sueño, el hambre y el sexo; Las ideologías seculares fuera del judeocristianismo tienen el mismo objetivo alienante: el liberalismo despoja al ser del descanso y sueño, el comunismo del hambre y saciedad y el posmodernismo del sexo y placer sexual; Con las herramientas digitales se crea una tecnología de poder más eficaz que la represión directa: la pornografía y el *consumo* del *sexo falso*, así como de la sexualización de la vida humana. El sexo se sitúa en el centro de la lógica social, pero se niega en su realidad vivencial;

El miedo al sexo y su control por parte del sistema económico es resultado del miedo a la vida misma y a la muerte, bajo la lógica de la razón se desprecia la pasión.

Viva el sexo, muera la inteligencia.

II. ESPEJO NEGRO

1

Dios no tiene cara, no tiene rostro, se posa fuera del tiempo, fuera de la forma, fuera de los valores, fuera del mundo.

2

Nos escupe a la cara, nuestras formas, nuestros valores, nuestro mundo, nuestros tiempos. Es el responsable de la culpa. Dios es la sombra del hombre, y el hombre cree que él es la sombra de Dios.

3

Dios y hombre están engañados mutuamente y se desprecian, como un padre e hijo pueden despreciarse, o una madre y su parasitaria cría.

4

Ante la incapacidad del abrazo cósmico, el hombre toma el corazón del prójimo y le recuerda a dios la incoherencia de su creación. Reclamándole el absurdo de su falta de fuerza.

5

Comiendo, follando, asesinando y meriendo vive el hombre. Escupiendo el rostro de su creador, tratando de escupirse el suyo propio.

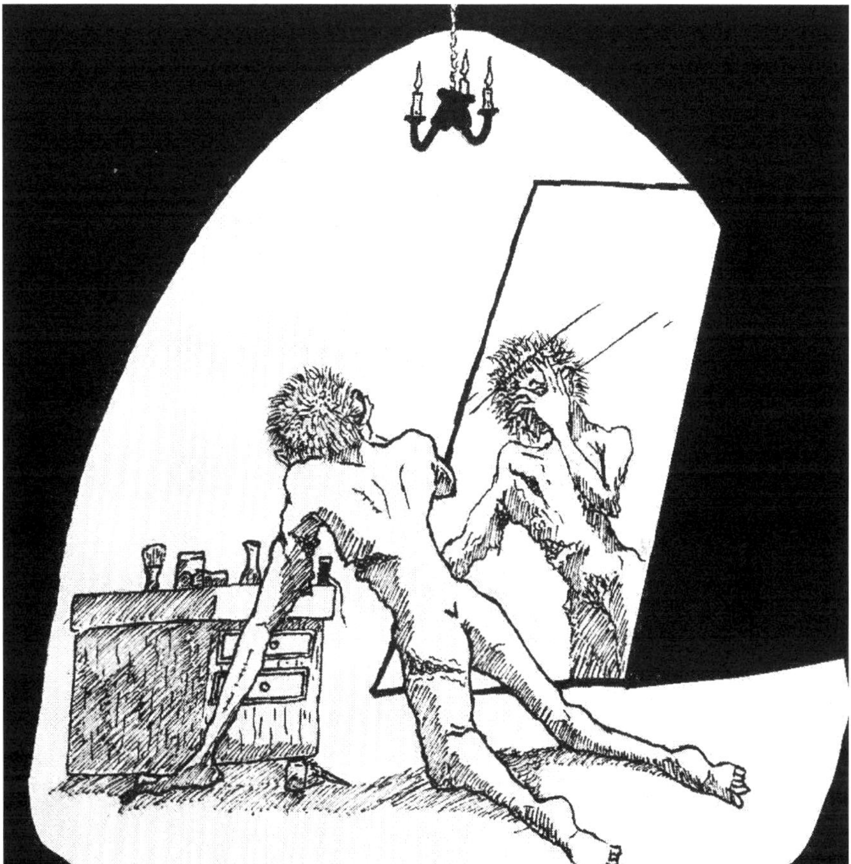

6

¿Acaso el hombre culpa a su creador del olor a podredumbre? ¿Lo culpa del asco reflejo de nuestro cuerpo? Lo odia por crear un cadáver en vez de un monumento, un cadáver llamado existencia.

7

Quiere sentir dolor y salir de su prisión, el cuerpo finito, cárcel de carne y vísceras delicadas. El cuerpo es un caparazón, una muralla construida por Dios, no debemos preservar una obra caduca y corrupta, el cuerpo cómodo es insuficiente.

8

El cuerpo cómodo es un lastre para el alma fuerte, si es débil, éste lo desgarraría desde adentro. El Vigor de nuestro ímpetu está reflejado en un espejo, que no devuelve sonrisa alguna ni vanidad.

9

El hombre, al ver su reflejo en aquel espejo, en la proximidad con Dios, en su cuerpo, marchitándose a cada paso, entendió, que debería de inmolarse desde adentro, destruyendo su caduca existencia, traduciéndola en un sinfín de vértigo y de náusea alrededor.

10

El hombre desesperado no quiere disfrutar, esta cárcel podrida, quiere quemarla, quiere agotarla, no quiere descansarla, quiere sentir el Vigor de la existencia, quiere dolor, explosión, sudor, sangre, semen, himen, desea el esfuerzo más no el placer.

11

En los albores de la melancolía, el hombre caminó hasta no tener más piernas que la visión de su alma, encontró una congregación de voces andróginas, en un idioma tan extraño que cualquiera puede entender, presencio la comunión con el degenerado creador de su desdicha, la desdicha de la vida.

12

Antes nos habíamos referido a Dios, él quiere nombrarle caos, o bien quiere nombrarle nada, luz, oscuridad, cosmos, realidad, ángel, demonio, necesita comprender un nombre.

13

Sin embargo, fue hasta que volteo dentro de él, dónde vio el rostro de su creador, vio su rostro. Ahí estaba él, el creador en toda su gloria, reflejado en un no reflejo, estaba frente a un espejo negro, que no regreso más imagen que la no imagen, una antítesis real. ¿Por qué tanto sufrimiento y finitud? Lo más lúgubre fue la respuesta a la anterior pegunta, que por fin entendió, que el Dios, es diosa.

III. ¿CRUELDAD Y COMPETENCIA?

Miraba un juego de fútbol *soccer* con mi hermano, cuando él me dijo que se jugaban dos pases múltiples a la siguiente ronda al mismo tiempo, que si un equipo (Leganés) perdía contra el Real Madrid, quedaba eliminado. Al mismo tiempo en el otro juego "'Espanyol'" vs Celta de Vigo" se definía el ascenso contra el descenso. En concreto, el Celta de Vigo luchaba por su estancia en la liga contra un oponente más fácil, a diferencia del Leganés, que estando en la misma situación, se enfrentaba a un rival poderoso.

¿Debería el Real Madrid, campeón de la liga a estas alturas, dejar ganar al Leganés para que no descendiera? ¿No sería esto una muestra de empatía y compasión? Podría decirse que, en cierto grado, lo moralmente correcto fuera otorgar una comunicación de humanismo al más débil y ventaja. Sin embargo, hay un elemento que modifica el comportamiento y la observación moral del hombre: la competencia.

El juego del fútbol, al ser un evento deportivo, tiene como dinámica la competencia, es decir, la ética del fuerte y agresión como imperativo de vencer a toda costa, no importando si el rival es débil, e incluso necesita una ventaja, ventaja que no afecta la posición del fuerte si es otorgada, pues, el Real Madrid ya es campeón por puntos sobrados.

Esto anterior, me hace pensar que la naturaleza de la competencia es cruel y despiadada. Nos han convencido de que la competencia, es un valor, con las mujeres, trabajo, cultura, y el amor; es donde se hace la pregunta, ¿la moral no es un obstáculo antinatural? ¿La crueldad es imperativo? ¿Dios ha muerto?

IV. DORUGA

1

Caminaba de forma sobria y segura por el oscuro y lodoso pasillo de una desconocida catacumba vestido de forma casual, como si una fuerza me haya extraído de mi realidad y transportado a un tranquilo y peculiar sitio. Me hallaba engrandecido avanzando por el estrecho pasillo de inframundo.

2

Lentamente, miraba a mi alrededor, solo, hallé oscuridad, la humedad transpiraba las paredes de roca, comenzaba a oler ese picante aroma de misticismo en el aire. La angostura de mi recinto era tal, que espaciaba sólo para una persona, sin sentirme asfixiado o en claustrofobia. No obstante, bajo las reglas del creador, es imposible, que otros cuerpos compartieran la estancia, fue entonces que comenzó.

3

De repente, un pequeño calor comenzó a brotar en el ambiente y a lo lejos, cada vez más cerca comenzó el espectáculo: presencia mediante mis sentidos una sinfonía armoniosa a través de repetidas batucadas y tambores de forma acelerada, protagonizaron una pieza musical bastante atractiva, con bastante rimo se acercaban, no sé de dónde venían, pero tenía un sonido único.

4

La música evocaba un ritmo alegre, histérico, excitante y de fiesta, atraía a los hombres al goce como una mujer lo haría. Los tambores tenían una melodía rítmica, cíclica y estrepitosa, como si de un bucle de una tormenta se tratara, tuve ganas de bailar, pero mi atención tuvo que ser dirigida a otra cosa.

5

Junto con las imposibles notas musicales, se escucharon cánticos, imposibles y de origen desconocido, al igual que los tambores. Los cantos, igual de sublimes, repetían una cosa, sólo un significante, una sola palabra, pero de forma tan rítmica y clara que penetró en mi onírica experiencia que pude recordarla en la vigilia, la memoricé. Una y otra vez cantaban como llamándolo, Doruga, Doruga, Doruga…

6

Fue cuando frente a mí apareció una masa amorfa, una masa de materia que no es materia. Una masa gigantesca gelatinosa, la cual era de un color naranja brilloso, resplandeciente y luminoso, se movía cuáles las vibraciones de los tambores y al ritmo de los cantos. Se balanceaba, bailaba, contorsionándose tomando tamaño y forma. Entendí desde dentro de mi esqueleto que frente estaba aquel ser o entidad que tanto los cantos vitoreaban.

7

La masa conforme al ritmo de los tambores aumentaba tomaba forma. La masa se convirtió en una figura humanoide alta de dos metros de altura aproximadamente, fuerte y suprema, formada de la misma no materia que su anterior forma masiva. Ante esta forma sentí confianza, de forma orgullosa se postraba frente a mí con dos esferas saliendo del lugar donde debería tener orejas y una piel de crustáceo de forma de armadura, sin rostro más que una placa rojiza, se manifestó la entidad Doruga...

8

Y después... amaneció, se hizo la luz, abrí los ojos, de un parpadeo me transporté a una realidad menos tranquila: la realidad de la vigilia. Ya no estaba frente al dios naranja, ni en presencia de ese aquelarre invisible y festivo, estaba en mi cama extasiado, todo había sido un sueño memorable. De un plumazo escribo éstas líneas y de un vistazo desde los foros de mitología tártara deseo encontrarme con Doruga de nuevo, que había sido hasta entonces para mí, un desconocido.

V. VIVA LA MUERTE
I. LA MUERTE Y LA POSICIÓN BURGUESA

> *El aburrimiento es el fondo de la vida, y el aburrimiento es el que ha inventado los juegos, las distracciones, las novelas y el amor*
>
> Miguel de Unamuno

> *¡Vamos, pendencieros, delincuentes!, eso os decían, muertos en vida, pero yo no os pregunte, yo los acogí con los brazos abiertos, bueno, con el brazo que me queda, os ofrecí una oportunidad, una vida nueva, de caballeros, por eso tenéis que morir otra vez si es preciso: ¡CABALLEROS LEGIONARIOS VIVA LA MUERTE ¡*
>
> José Millán Astray

El debate entre Miguel de Unamuno[53] y José Millán Astray,[54] es de los pasajes más emblemáticos, míticos y famosos de la guerra civil española, del fascismo y antifascismo como tal; sin embargo, en este mundo moderno

---

[53] Filósofo español célebre por sus posiciones nacionalistas y críticas a la modernidad y el marxismo. Abogó por una cultura española y heroica bajo la figura de Don Quijote, su debilidad hizo denunciar al bando nacional y "cambiar de ideas" irónicamente sustenta la filosofía del régimen franquista o al menos su parte más universal.

[54] General español que tuvo un papel relevante en la guerra civil española. Del bando nacional, amigo y lugarteniente de Francisco Franco, líder y futuro dirigente de España durante los próximos 40 años después de la guerra. Milan Astray formo un cuerpo de elite de soldados denominados "La legión" famosos por su hermosa y célebre canción de guerra "El novio de la muerte".

decadente debemos observar la realidad de las expresiones ahí vertidas, ni Millán era un matón ignorante y malvado, ni Unamuno era un tierno intelectual indefenso y razonable en ese recinto aquel 12 de octubre de 1936. El discurso fue el siguiente:

Acabo de oír el grito de ¡viva la muerte! Esto suena lo mismo que ¡muera la vida! Y yo, que me he pasado toda mi vida creando paradojas que enojaban a los que no las comprendían, he de deciros como autoridad en la materia que esa paradoja me parece ridícula y repelente.

Éste fue el testimonio de Miguel de Unamuno, que respondía al grito de: *Viva la Muerte* de Astray, para muchos un acto de resistencia ante un régimen tiránico, esa gente comparte los mismos modales asquerosos, débiles, necrófilos y burgueses que el cobarde de Unamuno. ¿Por dónde comenzar?, Unamuno era una persona que de verdad se delató creyendo que *muera la vida*, para los burgueses la vida vale por la simple vida y no por su sentido orgánico de temporalidad.

El carácter burgués le teme tanto a la vida que se refugia en extenderla de forma patética, son los cobardes que no osaron ir a la guerra, a las batallas, son los intelectuales que ante su frustración casi sexual de falta de conquista y de vigor físico, se enfrascan en críticas, palabras y teorías con cero utilidades prácticas, sin nunca haber incluso ha sido capaces de defenderse a través de los nobles puños, o empuñar aún más las nobles armas.

Los testimonios de Unamuno, durante la Guerra Civil Española, nos hablan de un defensor del humanismo y crítico del fascismo, y, ¿la mentira? Pero el humanismo en esa época significa lo que aún hoy es un montón de cobardes oportunistas, tan mezquinos que ni siquiera pueden ayudarse entre ellos. En efecto a Unamuno le pidieron multitudes de masones, comunistas, homosexuales y come soyas ayuda contra el régimen franquista, él ni siquiera pudo o quiso ayudarlos, pero bien que criticaba a las espaldas del caudillo —que habrá que decir le regresó el puesto de rector de Salamanca— por lo tanto, Unamuno no es muy diferente a ese servidor público mezquino que niega el servicio al pueblo, pero es un cobarde ante la violencia, gente que vive en una burbuja de lujos y hedonismo, que para ellos es "vivir".

Unamuno, elitista, agorafóbico, rechazó a los pobres, proletariados y campesinos. Clasista, neurótico y resentido, denigra de forma despectiva a todos los militares de España, acusándolos de ignorantes e incluso se burla de la *invalidez* de Millán Astray —era mutilado de guerra— de una forma que ahora los progresistas acusarían de *facho*. De hecho, Millán no le afecta su condición, sino que es motivo de personalidad y de su carácter, recordándonos a las metáforas de *acróbatas, ejercitantes* del libro *Has de cambiar tu vida* de Peter Sloterdijk, el autor alemán menciona que el hombre fuerte y sobrehumano es quien, sobre una limitación, construye una fortaleza, tomando de ejemplo a los inválidos y *fenómenos* de circo. En suma. Unamuno representa esa burguesía hipócrita, envidiosa y anti vitalista que odia la vida, la enfrasca en normas y reglas morales que asfixian la vida y el movimiento, tal como menciona Nietzsche en sus críticas a las normas morales de los débiles.

Por el otro lado, Millán Astray, era un tipo simpático, alentando en su disciplinaria vida militar a sus soldados y oficiales, siempre haciendo chistes sobre sus lesiones, mencionando que deben amar la vida y ser héroes, ayudando a muchachos pobres, miserables, ex-reos y discriminados por la República, la cual se supone está del lado de los más débiles. Les dio trabajo y una nueva vida, una nueva misión, un motivo de orgullo y de vivir, Astray más humano que los humanistas. Contrasta lo anterior con los melancólicos y pesimistas escritos de Unamuno como *El principio trágico de la vida* y *La agonía del cristianismo* básicamente quien quiere escuchar o leer todo el día que la vida es triste y todo muere. En efecto la vida es muerte, pero justamente eso le da el valor.

La muerte es, en efecto, el valor de la vida; Derrida, el autor francés deconstruccionista en su obra *Dar la Muerte* nos menciona el sentido filosófico de la muerte y la vida, y analiza, a manera de ejemplo, el sentido romántico de *Te doy mi vida* argumentando que la vida existencial no existe, es una ilusión que evade el duelo de nuestra mortalidad, la vida deja de ser vida desde que nace, puesto que desde el primer momento el cuerpo se somete a un desgaste que llamamos envejecimiento o crecimiento, desgaste que termina por matar cada célula. Así que Derrida menciona que el término correcto es *Te doy mi muerte*, en este sentido dar la muerte a alguien o la misma por algo tiene un mayor significado, puesto que cualquiera puede dar la vida, pero pocos pueden o tienen algo de verdadero significado para dar su muerte.

La muerte, de igual forma, representa un límite a la vida, una delimitación dialéctica. En efecto, la vida sin límites sería como un desierto infinito, liso y sin rasgaduras, una vacuidad y vacío, la vida de esa forma degenera en supervivencia y la supervivencia te quita la vitalidad y la vida en sí misma. La fobia al dolor y la negatividad queda expuesta en la ideología de la vida eterna, ideal, perfecta y sobre todo productiva. Por su parte, la muerte como límite, da sentido a la vida y la revitaliza, le da un ritmo, parámetro y musicalidad, la muerte es el lenguaje de la vida.

La anterior idea se puede vislumbrar por el hegelnialismo y parte de un pasaje de su vida, el cual es el siguiente:

Iba caminando con el sr. Cless. Justo cuando pasábamos por encima de la fosa tocó la campana grande para el entierro del Sr. Regidor R. Schmidlin. Al mismo tiempo, unos trombones comenzaron a tocar a duelo desde la torre de la ciudad *moles propinquia nubibus ardius*. El sordo y despacioso toque solemne de la campana y el triste sonido de los trombones concitaron en mí una sensación y una impresión tan sublimes que no acierto a describirlas. Al mismo tiempo veía a veces caer el aguacero a lo lejos y pensaba en los lamentos de los familiares del difunto.[55]

Hegel, vislumbro la muerte como una gran revelación, impactante y desorbitante, parecido a la sublimidad del enamoramiento, es decir, la muerte lo sacó de sí mismo. Éste proceso de duelo, fue determinante para el burgués Hegel, alejado de los valores guerreros germánicos bárbaros; este miedo al duelo será una de las causas de que el trabajo de Hegel persiga la unión absoluta, la integración y la superación de las diferencias, esos *Otros* dialécticos, parecidos a pequeñas muertes. La dialéctica es el sobrenombre hegeliano para sobreponerse al duelo.

Según Hegel, la filosofía no comienza ni con el asombro ni con el horror, sino por una necesidad. La necesidad de la filosofía. Según Hegel, la filosofía aparece cuando de la vida del hombre desaparece el poder de la unificación.[56] Esta necesidad de *restablecer la totalidad* la estabilidad o el estado de una plenitud o saciedad de la que se ha conjurado el peligro de la perdida absoluta.

El sentimiento en que se basa la totalidad es el del hartazgo. El poder de la unificación debe restablecer, esta totalidad en la que nada se pierde, Todo está recogido, unido,

---

[55] G.W.F., Hegel, *Escritos de juventud*, Hamburgo, Meiner, 1968, p. 10.
[56] Ibídem, p. 20.

unificado y congregado. Por su parte, y sintetizando el espíritu hegeliano, Byung Chul Han advierte:

> El espíritu hegeliano no quiere dar nada por perdido. Su contabilidad dialéctica busca la acumulación, una posesión total. La totalidad a la que se aspira como una saciedad total no sufre ninguna carencia ni ninguna pérdida.[57]

La muerte es el antídoto contra el hartazgo.

II. El sentido de la muerte y de la vida: el camino del samurái

> *Descubrí que el camino del samurái es la muerte*
> Yamamoto

En este tenor de ideas, la muerte también puede ser a su vez un plan de vida y de consistencia. La vida puede ser vista como un proceso de movimiento y de acción, en este tenor, se debe evitar la inmovilidad y sedentarismo, la acción constituye el medio más eficaz para evitar las limitaciones del *Yo* y poder abstraerse de sí mismo en algo más grande. La acción y conducta es la función de la vida y la muerte es la consecuencia natural de la conducta.

Los samuráis sabían este sentido de vida: en el libro *Hagakure*[58] —oculto entre la hierba— obra de importancia y

---

[57] Han, Byun Chul, *Caras de la muerte*, Alemania, Herder, 2020, p. 15.

[58] Escrito en el siglo XVIII, el Hogakure es la obra máxima del pensamiento militar y filosófico laico japonés, su autor, Yamamoto Tsuenetomo, uno de los últimos samuráis que le fue prohibido el *sepukku* o suicidio ritual y se confinó a una vida de espiritualidad y letras.

base filosófica del modo de vida samurái. La base de la vida de un samurái es prepararse y vivir para la muerte, tal como dice Yamamoto:

> Descubrí que el camino del samurái es la muerte. En una situación de vida o muerte, elige, simplemente, una muerte rápida. No hay que sentir pereza.[59]

Esta filosofía es la de la libertad, la humanidad no se puede equivocar cuando se lleva la muerte al lado. No por nada la fórmula del samurái es *muerte* es igual a decisión y *voluntaria* es igual a libertad —muerte voluntaria.

Como se ha mencionado antes, la acción y la libertad es la vida; la pereza es el vicio supremo, se pone de manifiesto la razón de llevar una vida diaria de tensión, cien por cien vigilante. Es la lucha en medio de la rutina cotidiana, es el oficio de un guerrero; sin embargo, ¿para qué se vive a la muerte? ¿La vida es trascendente o es la muerte la trascendente? Yamamoto en la pluma de Mishima nos menciona:

> El sinograma *gen* en chino, en japonés se lee también como *maboroshi*. Quiere decir *ilusión*. Los magos de la India son llamados en japonés *genshutsushi* o *ilusionistas*, es decir, personas capaces de crear o de *sacar* una ilusión. Y es que los seres humanos en este mundo somos como ilusiones, títeres. Por eso se usa el signo de *gen* para evocar la ilusión.[60]

De vez en cuando, Yamamoto utiliza la comparación de títeres para referirse a este mundo: un mundo de títeres. En el fondo esto es un nihilismo, profundo y absoluto, pero es

---

[59] Mishima, *La ética del samurái en el Japón moderno*, España, Alianza editorial, 2013, p. 51.
[60] Mishima, *op cit,* p. 59.

al mismo tiempo significativo en el camino del guerrero japonés, la contradicción de este camino es sacar el provecho a cada momento a la acción; pero a su vez el fin de esta acción es la muerte, esto es, en realidad este mundo, no es más que un sueño, a este tenor de ideas, Yamamoto menciona:

La vida sólo dura un instante. Hay que pasarla haciendo lo que a uno le gusta. En este mundo flotante es estúpido dedicarse a algo que uno aborrece y sufrir por ello. Sin embargo, en el mundo moderno, prevalece la producción y la técnica, la homogeneización y el utilitarismo, lo último que queda es el deseo y la pulsión de muerte.

Para Mishima y Yamamoto, el hombre calculador es miserable. Calcular significa tener a la vista pérdidas y ganancias. El calculador siempre tiene a la vista dos cosas: morir es perder y vivir es ganar, es la ideología del pusilánime. Son incapaces de morir y de amar. Las anteriores ideas *humanistas* bajo la apariencia de *racionalidad* creen en un mundo de cobardía y universalidad, pero no para todos es así, con peligro de que la filosofía de muerte es peligrosa y lunática, siempre se debe pensar en el *Otro* pues la *racionalidad* implica el peligro de cálculo, de hartazgo y de una vida sin límites, insípida.

El mundo antiguo obligaba a la guerra, a morir y a la sumisión, por otro lado, el mundo moderno actual obliga a la paz, a vivir y a la libertad; y ésta última en vez de devenir en una vida Vigorosa, deviene en una muerte en vida, una zombificación, ¿cómo escapar de este terrible destino? Mishima nos menciona una filosofía samurái adaptada al mundo posmoderno, en el cual, según él, los contrarios conviven fuera de la unidad o unificación.[61]

---

[61] Mishima, *Lecciones espirituales para jóvenes samurái*, España, Palmyra, 2006, p. 25.

La alternativa a la muerte en vida, es la vida en la muerte, la cual tiene un significado espiritual-iniciático. En los procesos iniciáticos japoneses no se concibe a la persona, sino como una entidad, como un ser, nunca desgajada. En virtud de su realización, cada persona, mediante una simbólica y real sucesión de muertes y renacimientos, va paulatinamente acabándose, terminándose o cancelándose conforme a su destino. Es así como desde la adolescencia el iniciado llega a la meta de su carrera en la vida, encontrándose al final con la última de esas iniciaciones, donde la muerte y renacimiento que se producen, dan por concluidas aquella sucesión de iniciaciones vitales y deviene en un adulto maduro.

En cada iniciación, la muerte y renacimiento van de la mano, siempre van juntos, no desligados, de modo que morían *ambos* y renacían ambos, a la vez, al unísono. Esa razón integradora por la que la doctrina de la resurrección nació de la realidad iniciática japonesa, mientras que la de la reencarnación hindú lo hizo su negación. Sencillamente en la resurrección, el cuerpo y el espíritu deben permanecer juntos, en tanto que en la reencarnación se condena al espíritu a vagar por diferentes cuerpos, cumpliendo una moralista condena.

Como guerrero, como samurái, Mishima creía que la vida era una escala de acciones iniciáticas, las cuales iría traspasando. Al hacerlo, no sólo se veía renacer en *espíritu* sino también en *cuerpo*. Moría enteramente y renacía enteramente. Resucitaba. Y en el nivel que se adquiere maduración. Mishima considera inadmisible seguir viviendo una dualidad semejante, o que está adquiera, menciona Mishima: "El enigma estaba resuelto; la muerte era el único misterio".[62] Sólo la muerte une *cuerpo* y *espíritu*; de hecho, es el cruce, en la prueba *límite*, donde ambos se

---

[62] Mishima, *Lecciones espirituales para jóvenes samurái, op, cit.,* p. 48.

encuentran más juntos que nunca. Y así se renace, con la *carne y espíritu*. Para finalizar este apartado, se muestra un segmento de Yukio Mishima, donde se muestra una revelación de la unificación cuerpo-alma-muerte-resurrección al momento en el que se encontraba entrenando y piloteando un avión en el ejército japonés:

> Fue en ese momento cuando vi la serpiente, aquella enorme serpiente [...] de nubes blancas circulando el globo, que se mordía la cola, moviéndose continuamente, eternamente [...].
> Si el gigantesco anillo serpentino que resuelve todas las polaridades entró en mi cerebro, es natural suponer que existiera ya [...]. Era un anillo más grande que la muerte... era sin duda el principio de unidad, que se fijaba en el cielo resplandeciente.[63]

Esa serpiente, que menciona Mishima como metáfora, es la unión de todo, la unificación hegeliana, el Uroboros, el Jormungander, o bien, el eterno retorno y la figura de un dios supremo.

III. LA MUERTE Y EL CAUDILLO

No me quito la vida, me doy la muerte.
Jaques Derrida

La muerte forma al *Yo* firmé, viril, heroico e insondable, que no tiene otro interés que hacerse consigo mismo. La muerte no es el final del *Yo*, sino que auténtico comienzo.

---

[63] Ibidem, p. 52.

¿Cuál es la forma viril de vivir? Antes habíamos mencionado, la existencia del capital, del trabajo, y poder resiste a la muerte, es activa. La muerte es pasiva, destruye toda subjetividad y toda relación, pues nadie es más seguro que ensimismado, protegiéndose de los demás y del *Gran Otro*, como es la muerte o el amor.

El mundo del capital, del trabajo y del poder es la democracia. En las sociedades democráticas se vive como si siempre se fuera a vivir en un progreso continuo, en un proceso lineal y monotónico. Los crecimientos monotónicos tienen la característica de un crecimiento sin ciclos, es decir, progresivos; piénsese en un motor de gas que no tiene mecanismos de control y neutralización, es decir, válvulas de escape; sin un freno al crecimiento del gas interior, el motor termina fallando y explotando. La anterior idea es lo que sucede con toda ideología surgida del progresismo moderno (llámese todo proceso derivado de 1789) donde sólo basta la *razón* para justificar la acción. La razón es una calculadora que tiene el fin de crecimiento, ganar y vivir.

La idea de la *democracia progresista* es una estúpida ilusión; no puede existir un progreso monotónico, pues la vida no es lineal ni tiene certidumbres que permitan hacer un plan tan alto; aun con los avances científicos y tecnológicos que vuelven cómoda la vida y dan una apariencia de *inmortalidad*. En este tenor, la válvula de escape de nuestro motor político es una forma de control; dicha forma Heidegger identifica con la figura del caudillo. ¿Qué es el caudillo o Führer?

Byung Chul Han nos menciona al respecto: "¿Cómo responsabilizarse?". Si sólo hubiera certidumbres, no se suscitaría ninguna necesidad ni ningún anhelo de un caudillo. Todos los caudillos se atreven a adentrarse los primeros en lo incierto. Forman la vanguardia. El caudillo de Heidegger quiere ser el primero en dar un paso a "lo oculto" y desconocido, a lo digno de ser cuestionado. Tiene que adoptar una postura acrobática, en la oscuridad completa, como tras la muerte de dios. Con una linterna en la mano, el caudillo inquirente va tanteando en la oscuridad. El lema del caudillo heideggariano sería:

> Ese firme mantenerse [...] en medio de la inseguridad de la totalidad del ente. Se expone a lo apirético. Para ser "fuerte" para el caudillaje "el presentar" tiene que "avanzar" entonces, más allá, de la respuesta de cómo saber hasta el no saber, hasta los puestos más avanzados del peligro que la incesante inseguridad del mundo presenta. Por ejemplo, la ciencia como "caudillaje" se ve capaz de soportar la angustia, se escoge el héroe".[64]

El caudillo es necesario en un mundo complejo, enigmático y totalmente azaroso; el caudillo pareciera tener las respuestas de la razón, es decir, la iluminación; sin embargo, su valor y certidumbre que muestra a sus allegados no es para nada una razón, una certidumbre, una respuesta, es decir, no es un intelectual. Por otro lado, el caudillo trae un mantenimiento de fuerza y vanguardia, es capaz de soportar la muerte e ir para la muerte; la muerte, esa gran incertidumbre final.

Para poder ir más allá de la muerte, no se necesita saber, sino el no saber; el caudillo, pues, es poseedor de la razón más poderosa: el irracionalismo. La anterior reflexión, la sintetiza muy bien Adolf Hitler "un intelectual nunca puede llegar a ser un caudillo" en efecto, la sazón y guía de la vida es de carácter espiritual, no racional. Es interesante, como los grandes caudillos de la historia: Jesús, Buda, Wotan entre otros, son suicidas. El suicidio es el mayor acto de valentía y de acción propia, es el fin de la vida en su máximo éxtasis en su punto más bello.

---

[64] Han, Byung Chul, *op cit.*, pp. 125-127.

Por último, si la democracia es el régimen burgués de la supervivencia vacía y exagerada, de progresos monotónicos y de vacuidad; entonces, la autocracia es el régimen de la lucha, la virilidad y la vida extasiada, cuyo fin es y será un suicidio ritual gigantesco.[65] La segunda guerra mundial y el holocausto siempre fue el propósito del Tercer Reich y debe ser el propósito de cualquier caudillo, de cualquier persona que entienda el amor, ¿acaso no es una promesa entre amantes el ir juntos hacia la muerte? La fórmula libertad es igual a muerte; ahora se completa con libertad es igual a muerte, y la muerte es igual a amor. La pulsión de muerte que desata el fascismo, es tan pura y absoluta que es identificada con el deseo mismo.

IV. CONCLUSIONES: VIVA LA MUERTE.

A lo largo de este breve ensayo, hemos revisado tres temas importantes tratando de mostrar la importancia de la muerte como vida plena, los puntos esenciales son los siguientes:

I) El pensamiento burgués se basa en un rechazo al dolor y miedo a la muerte; lo que trae un instinto de supervivencia y competencia que vacía la sustancia de la vida, que es la acción y movimiento;
II) La vida y su sentido es la muerte, como final de un actuar filosófico y de un camino virtuoso;
III) En un mundo caótico y actual, se deben rechazar las ideologías progresistas que vacían la vida y adecuar la vida ante un pensamiento de caudillaje y que tienda hacia la muerte, por una vida con sustancia.

---

[65] Deleuze, Gilles y Guattari, Félix, *Mil mesetas*, España, Pre-textos, 2003, capítulo IX: 1993.

Así la vida no es vivida, la vida está muriendo, todos nuestros intentos por vitalizarla es la fuerza superviviente del Vigor, algo que ya muchos dejaron atrás, resignándose a vivir por vivir, teniendo encuentros cada vez más grotescos, con formas de *inmortalidad* vacías, spas, gimnasios, operaciones, casas, fortalezas, dinero, recursos, toda esa cultura burguesa, judía democrática sólo tiene un origen: el miedo a la muerte como vida plena. Así, que muchos son Unamunos queriendo dar sentido a su miedo eterno, pocos otros son Millánes, respondiendo a la existencia finita con el grito más vitalista posible: ¡Caballeros viva la muerte!

Fuentes

G.W.F., Hegel, Escritos de juventud, Hamburgo, Meiner, 1968.

Han, Byung Chul, Caras de la muerte, Alemania, Herder, 2020.

Mishima, La ética del samurái en el Japón moderno, España, Alianza editorial, 2013.

Mishima, Lecciones espirituales para jóvenes samurái, España, Palmyra, 2006.

Deleuze, Giles y Guattari, Félix, Mil mesetas, España, Pretextos, 2003.

VI. El círculo y la flecha

¿Cómo reaccionar al darse cuenta de que todo hasta ahora fue un aliento evaporado?, ¿cómo no llorar al verse en el alumbramiento a la realidad, al gran abismo, al Vigor y al caos?, ¿cómo refugiarse siempre en uno mismo sin soltar el pestilente aroma del cadáver que por traje llevamos en esta vida?, ¿cómo odiar a uno mismo en el ego infeliz y decadente que se acerca en las noches?, ¿cómo superar el llanto del alumbramiento?

Al nacer se nos introduce, en una gran morada, un círculo negro gigantesco sin luz donde su fuerza centrífuga y caótica nos envuelve y gira con violencia que nos agobia, la fuerza nos hace chocar a unos con otros invitando a perseguirlos contracorriente. La fuerza nos hace creer que el canto tendrá fin, que el grito será el último y en este círculo ya no habrá más movimiento, pero en ese momento de encontrar la quietud se está muerto, lo contrario de la vida no es la muerte, es el parto, la quietud y la comodidad tienen la mala suerte de asomarse y nunca entrar en la casa, son malos huéspedes que se van sin despedirse.

Si tuviéramos la suerte de nunca ser engendrados, veríamos el mapa de la vida como el gran círculo. Observaríamos, la pequeñez y el absoluto absurdo del movimiento de esa lavadora violenta, y pensáramos que la única forma de escapar es nunca entrando.

No obstante, aparece desde la nada una musa, una musa negra que nos acerca a nosotros una visión, el círculo partido a la mitad, por una flecha hacia delante, la flecha avanza y no se detiene.

Hubo una época antigua, tan antigua como hace unos segundos antes de escribir esta nota, donde los humanos y yo creíamos que esta existencia se basaba en repetir el camino del círculo, en correr sobre su circunferencia y repetir, repetir, avanzar y avanzar hasta el final y del final comenzar, tropezar y volver a comenzar, puede que funcione, pero no todos los competidores estarán en la línea. AHORA ME DOY CUENTA DE QUE LA REALIDAD ESTÁ EN SALIR DEL INFINITO PARA ENTRAR EN LA ETERNIDAD SIN MIRAR ATRÁS.

VII. Sobre la dignidad de las mujeres

La dignidad es contagiosa, las mujeres se contagian rápidamente. La dignidad, por origen, es un valor espiritual, podremos razonar su forma lingüística, pero no se puede atrapar el significado mediante la razón, solo mediante la emoción.
 Como toda materia del espíritu, la dignidad se siente y está arraigada en las entrañas, es como una semilla que germina. En efecto, una pulsión vital, impulso, emoción, instinto.
 Que las mujeres dejen llevarse por el espíritu, no es de sorprender, existen impulsivas guerreras, emotivas amantes y madres, y, sobre todo, me temo, instintivas consumistas. Todas egocéntricas.
 La dignidad podemos definirla como la capacidad de percibir el valor propio, dicho valor sustanciándose en el orgullo, debe ser puro y espiritual, sin depender de factores externos, ni valoraciones ajenas a uno mismo, debe ser autorreferencial. No puede ser reconocido por los demás, ya que, al estar supeditado ese reconocimiento a entes externos, esté, se vuelve arbitrario, falso, insatisfecho e inestable, Siempre dependerá de un mismo y su lucha.
 También entendemos la dignidad como valor espiritual. Corresponde a una identidad, lo que se llama visión del mundo, como menciona Schopenhahuer un *Weltanschauung*. Como toda vanidad se define por su contrario, es decir, se define políticamente. En la perspectiva de Derrida "es lo que es, por lo que no se es". Así se vislumbra lo no digno, como contrario de lo digno, es digno lo que no es no digno y viceversa. Lo no digno es necesario para la existencia de lo digno, como menciona Heráclito, y la lucha de contrarios da origen a todas las cosas. Si la dignidad como lucha en acción por autonomía, se erige una: no dignidad en torno a esta dignidad.

Aquí es donde en principio, si la mujer por su característica caótica-creativa se deja llevar por el descontrol emocional de la lucha, es decir, sus demonios internos espirituales, podría llevar su dignidad a costa y contra la dignidad del varón. Esto anterior, los hombres antiguos lo entendían, y por ello se fortalecieron, ante ello, la primera locura, la primera posesión de un ente externo contra voluntad vino de las ninfas.

El hombre antiguo identificó ese embate a su dignidad masculina, lo identificó en la naturaleza, en la tormenta, en la escasez, en el fuego, en los volcanes, en los sismos, en los truenos, en las estrellas, en el sexo, en el orgasmo y en la sangre, sobre todo en la muerte y el Vigor.

Aquí hay dos puntos interesantes: el primero es el papel del hombre contemporáneo ante este fenómeno; El segundo es la estrategia de dignidad de la mujer contemporánea, igual de antimasculina, pero menos potente que la antigua, pero con muchos hombres débiles de su lado. Expliquemos.

Bien, el hombre moderno poco nada tiene que hacer frente a esta lucha por el renacer de la feminidad caótica. Es bastante débil y teme utilizar su esencia, en cierta forma, el hombre siempre estuvo en desventaja espiritual, así como la mujer en desventaja física, pero el entrenamiento crea de tu debilidad tu fortaleza, ascéticos señores de la guerra, por un lado, madres con el dolor de parto por el otro.

La desventaja espiritual del hombre es la trampa natural del deseo y la carne hacia la mujer, que lo pone en merced de su vicio, a menos, que tenga autogobierno de su materia. La desventaja material de las mujeres es su incapacidad de fuerza y de impresión violenta. La misma lucha ha debilitado al hombre, está cerca de su no dignidad.

Ahora bien, la mujer lucha por su dignidad de forma feroz, mucho mejor que el hombre actual, esto se debe a la envidia o valor de acción del hombre, lo que Freud conceptualizó en envidia del falo de parte de la mujer como símbolo masculino. Ya en la segunda mitad del siglo XX, Simone de Beauvoir señalaba la inequidad entre los sexos, originada, según ella, en la capacidad para dar la muerte y hacer la guerra. El hombre reservaba ese derecho de hacer la guerra, el derecho de violencia, gloria y honor, la mujer solo de proteger la vida.

De Beauvoir, al igual que su funesta herencia de huestes femeninas, desean la habilidad de muerte del hombre. La han confundido, con la habilidad de dar muerte con violencia. El hombre no necesita ayuda autoritaria para explayar su esencia, la mujer si necesita un sistema político, económico, ideológico y cultural para ello. Un ejemplo sería el tema actual político-jurídico del aborto, una institucionalización que necesita "amplia protección gubernamental", haciendo una apuesta, si el hombre tuviera que arriesgar su salud propia para ejercer su esencia violenta, lo haría, sin tener un salvavidas estatal.

No obstante, las mujeres tratan de realizar la muerte de forma arrojada y autónoma, con ningún poder más que su voluntad, el aborto al impedir la vida no conlleva a la acción de dar muerte, la muerte existe en el que vive, otra vez la definición del ser, por lo que no es.

Curiosamente, lo contrario a la muerte no es la vida, sino el nacimiento, la mujer al ser la engendradora será siempre la juez de muerte, quien da vida: da muerte. Toda la vida va a morir y terminar, quien da la vida da la muerte, de forma contra-inductiva, quien da la muerte: da la vida, hay más esperanza en la muerte y libertad que en la jaula de la existencia.

En un vuelco acrobático, imposible, hemos definido más vital al verdugo hombre que a la necrófila nodriza mujer, que trae al mundo a un humano más, un cadáver más, un muerto más. La oposición al hombre verdugo, no es la abortará, es la madre que va a parir a sus hijos. No en vano, los primeros dioses —¿*únicos?*— eran representaciones de mujeres femeninas embarazadas, la diosa Vigor.

Si el mundo del mañana les pertenece a ellas, su orgullo y dignidad será arrebatado a costa de los hombres. El hombre debe hacer lo que ha hecho durante años para sobrevivir a la diosa caótica y a la tormenta de la cual es hijo: debe dar la muerte, fortaleciendo su espíritu, el primer cadáver que tiene que cargar es el suyo propio, como dice Derrida dar la muerte porque la vida ni se puede dar, dar la muerte propia de la única forma que sabe darla: viviendo, gastándose, preñando otras muertes, de otra forma no es una existencia digna.

VIII. S*ER* Y *LLEGAR A SER* HUMANO

Curiosa es la historia de las relaciones dentro de la sociedad, curiosa es la historia del trato hacia lo otro, curiosa es la historia de los pueblos y las naciones, curiosa las historias de guerra y amor.

Las relaciones y los tratos nunca han tenido su grandeza en los textos de la historiografía, ni tampoco hallan la gloria en el éxito político que llegan a asir. Él éxito se da en el momento exacto que esas relaciones reconocen al otro como ser humano.

Y ¿Qué es ser humano? ¿Cómo se trata al ser humano? Propongo una metodología que no cabe dentro de la razón sino del corazón, de tal suerte que uno puede ser tratado como cualquier cosa, y nunca, sin embargo, llegar a ser un humano.

La historia de las relaciones también son historias de grandes hombres y de grandes amores, ¿Puede un hombre ser adorado, admirado, deseado, querido y adulado en la nada? Sí, sí puede y aun así, nunca llegar a ser tratado como un humano, pues a la objeción lógica me dirían ustedes; que muchos faraones, reyes, tiranos y hombres han sido amados, yo les diré que cuando su fortaleza se derrumba y poder decaer el amante se despierta en cenizas y sufre una resaca espiritual, no es amor sino devoción.

Concluyo: el ser humano es tratado como tal por su condición, pero ¿qué nos hace humanos? La debilidad, la muerte, el envejecer, los fallos, la enfermedad, las lágrimas y la tristeza; a su vez también las sonrisas, la inocencia, el ser ingenuo, el llanto, la alegría, el juego, los abrazos y el rubor, todo eso es ser humano, alguien poderoso y fuerte llega a ser adorado, pero nunca amado, el amor nace de la vulnerabilidad y de la sensibilidad, esa cicatriz en el vientre de la mujer amada, esa vergüenza al aceptar querer al otro, ese hijo amado por su madre a pesar de sus y por sus carencias, esa empatía del más débil, eso es ser humano y ser tratado como tal es reconocer en el otro nuestros propios errores y fallos, en efecto se es ser humano cuando uno ama y es amado.

IX. HERÁCLITO Y LA ASCESIS DEL VIGOR

> *¡Oh, hombre! Encierra tu existencia dentro de ti y dejarás de ser desgraciado, ocupa el lugar que la naturaleza te asigno en la cadena de los seres.*
>
> Emilie. Rosseau

Básicamente, la historia de las ideas ocupa de tres grandes interrogantes y ámbitos; la búsqueda de la verdad —religión, ciencia y filosofía—; la búsqueda de lo justo y correcto —derecho, ética y política—; y la búsqueda del gusto —arte y estética—. Estas tres búsquedas el hombre las persigue durante toda su existencia, colectiva e individual; sin embargo, en sus métodos, es decir, sus enfoques, existe una dualidad incluso exclusiva entre ambas: la individualidad versus la colectividad. [1] En este estado de cosas, hay enfoques de diversa índole que separan al humano de su naturaleza, otros los encierran en la misma y otros muchos otros los desintegran en su ensimismada individualidad, como sucede en la actualidad pos y des-moderna.

Podríamos afirmar, que la búsqueda de las tres interrogantes lleva un proceso hacia el absoluto y hacia la trascendencia, independientemente cuál sea el origen que nos impulsa —*muchos teorizan que la inefable muerte*— el orden cósmico va dirigido de las almas hacia las ideas, la eternidad y el absoluto. Para dar un orden de ideas, quiero situar la anterior idea y metodología en la filosofía griega.

El absoluto, según los griegos, dependía de la superioridad hacia sí mismo; técnicamente la cultura filosófica presocrática hablaba de *Sophronein* [2] querría decir, dominio de sí mismo, es decir, prudencia o sensatez, *Epithymon* y dominio de las pasiones, *Egkátea*, es decir hacer frente a la naturalidad, como decía Sócrates: "No se pueden vencer las pasiones, pero se vence a sí mismo", *Kreít*

To autoú superior a ti mismo. Así comienza una tipología de la fortaleza espiritual y física, donde el hombre, *Antropos* debe ser medido contra la naturaleza *Ahysel* en cosas pequeñas y grandes, si la *Physei* del átropos es más débil que sí mismo, sucumbirá la naturaleza [3], de lo contrario se dominaría su propia naturaleza, está virtud a través de la *Askesis,* entrenamiento, contraria al *sin freno, Akololuston*.[4]

Fue cuando los griegos, instauraron una institución para dicho fin, la Paidéia, o adiestramiento, donde la educación intelectual y física tomaba su forma en una sociedad estamentaria de clases, más no linajes, en donde la falla de toma de poder de la misma voluntad, significada un adiestramiento fallido, donde la Paidéia era una idea vertical clasista, la aristocracia educaba a la plebe, vista como una educación inferior, sin voluntad, no muy distinta a la educación en el mundo moderno, la educación eclesiástica o el adiestramiento de animales a través de la repetición, memoria violencia, más no agresividad ni formación de fuerza, más bien conservación de la mente de colmena, débil.

Heráclito, tenía una visión de la naturaleza más señorial y autónoma, donde la Paidéia de su época constaba más en un entrenamiento, entre camaradas y horizontal, que un adiestramiento de superiores morales elitistas contra una plebe ignorante y de clase baja. El entrenamiento, sacaba lo más valioso del ser, el más fuerte se fortalecía, el más débil perecía. Una verdadera formación de carácter.

Un buen entrenamiento genera un *habitus*, es decir, la interiorización de la conciencia de clase y de limpieza moral, donde la virtud y el vencer, su misma carne, su mismo espíritu, una guerra contraigo mismo está presente. Un buen adiestramiento crea lo que Nietzsche llama *el último de los hombres* un *buen portado* alguien que se porta lo acostumbrado, es decir, psicosomáticamente incorporado, el estar poseído por las pasiones y por las costumbres. Un efecto delo anterior sería el Banquete de los tontos en el Satiricon, donde un ex esclavo, ahora enriquecido, llamado Trimalquio, recibe a sus invitados en un arrogante banquete, donde el lujo y exceso de vulgaridad se hacen presentes, y para los cultos comensales no deja de ser un esclavo, pero ahora esclavo de sus pasiones, de sus hábitos y de su hambre, no es un hombre entrenado, no es ascético, es un hombre que vive por vivir, un hombre cómodo, parecido a los obesos burgueses modernos de hoy.

Para entrenar y dejar de ser educado en el sistema, se tendría que dejar la costumbre y los valores, lo que en Nietzsche es el método de nihilismo transvalorativo, para los griegos debería de ser un vacío radical, parecido a la leyenda Zen: en esta leyenda un maestro invita a su discípulo a tomar una taza de té, el maestro satura la taza, la desparrama. La moraleja es que no se puede enseñar nada a un espíritu lleno, el estudio estribaría entonces en la reflexión sobre la cuestión de lo que hay que hacer para vaciar la taza, o bien elucidar si la taza debía ser llenada de nuevo, o bien, una vez alcanzado esté vacío fomentar el caos creativo.

En suma, un hombre amaestrado, domesticado tendría la identidad y a pereza de destacar por lo que es o dice ser y no por lo que representa, incluso peor por lo que tiene, es decir, las posesiones y lo que me posee. Solo la guía de hombres vacíos, nuevos, anárquicos que entrenen sorprenderá la movilidad de los mediocres. Tal como menciona Karl Jespers:

> Lo que el individuo consigue no es transmitido, en absoluto, a todos. La distancia entre la cúspide de las posibilidades humanas y la muchedumbre se hace

entonces extraordinariamente grande. Pero lo que el individuo logra cambia, sin embargo, indirectamente a todos.

Aquí hablaríamos más que de individuos de hombres nuevos, superhombres, más humanos que el humano promedio, la cúspide es la virtud, la altura, en efecto, el hombre Vigoroso amante del movimiento es un acróbata. La gente sencilla y común recibe su certificado de normalización cuando admite que se marea tan sólo con mirar las acrobacias.

La modernidad está corrompida con esta comodidad y esté hombre cómodo y burgués, sus posesiones no lo ponen arriba de los demás sino en las mismas humanidades caducas que sus usuales semejantes. Göethe, menciona un término bastante prodigio para la modernidad, el término de *Luciferiszsch*, es decir, la combinación de *Veloziferisch* y *Luzifer* en alemán, la veloziferinacion, es la aceleración corrupta de la humanidad durante la modernidad.

La modernidad primera comienza con estar Platón idealista contra Heráclito, hombre amante del entrenamiento, movimiento, trabajo y guerra, pues la lucha es el entrenamiento aplicado, la vida es un gran coliseo de vida y muerte, y el trabajo es entrenamiento en época de paz.

La filosofía misma fue manchada con esta decadente visión de paz, ya que la noción de *Phylosophia* fue diferente para los presocráticos, rescatado después por los cínicos y su ideal de Heracles, y los filósofos. Estos últimos platónicos la veían como la contemplación y placer de las ideas, es decir, la creatividad era acogida por Dionisio y no por Apolo o Ares, en cambio, la visión naturalista de Heráclito, menciona que la *Philosophia* es la combinación de *Philotomía*, amor a la *tyme* —honor de los vencedores—, y la *Philoponia,* amor al esfuerzo, carga o trabajo penoso.

Como mencioné, los atletas como Heracles y sus doce

trabajos representaron al filósofo en su extensión, en su guerra, su militarismo, sería hasta Nietzsche que se rescata el filosofar a base de martillazos.

¿Por qué la visión de la lucha como madre de toda sabiduría de Heráclito decayó? Pues en primer lugar fue la visión de academia de Platón, después adoptada por los cínicos y estoicos como el ascetismo no de entrenar, sino de abstención de la vida. Lo que sirvió de base para los primeros cristianos, que de hecho eran distintos al ideal decadente que adoptaron en la Edad Media con la escolástica.

Los acróbatas y atletas desaparecieron durante mucho tiempo, teniendo como cadena evolutiva tardía a los mártires cristianos, revolucionarios, que tenían la conciencia de que uno está poseído por programas por sí mismos —demonios—, afectos, costumbres y representaciones, es el momento de tomar medidas que rompan ese estado de posesión, saltar contra la sombra, revivir, hacer milagros, hacer posible lo imposible.

Veían la vida conforme la muerte, como sus parientes budistas, la pasividad y abstención es el camino de la paz, la nada incierta, el nihilismo decadente. Se olvidaron de Heráclito y su oda al Vigor, donde las pequeñas funciones humanas pueden lograr lo imposible, si se ven multiplicadas por un camino de ejercitaciones suficientemente largo. El hombre Vigoroso se obliga, atormenta, se lanza al caos, se fatiga hasta el agotamiento, para lograr un orgullo, un *tymos*, una corona: "Como nosotros, que esperamos una corona inmortal, consideramos la mazmorra como nuestra palestra, para que, bien ejercitados, entremos en el estadio asimismo un tribunal".[5]

Esta idea, sería rescata por Nietzsche posteriormente, fungirá como base de la última de las ideologías del siglo XX y tal vez la única del hombre majestuoso, proletario, revolucionario y supremo. Moderna es la época que ha llevado a cabo la más alta movilización de las fuerzas humanas en el signo del trabajo y la producción, posmoderna la que lleva esos esfuerzos al derroche y consumo, mientras se llama antigua a todas las formas de vida donde la suprema movilización se hacía en nombre del ejercicio y perfección. Hoy la llamaremos futuro.

Futuro a través del Vigor.

Notas

[1] Por ejemplo, el mostrado por Kant en La Metafísica de las costumbres de 1797.

[2] Relatado por Platón en el libro IV de la República 430a.e.

[3] Como en la época del consumo actual.

[4] Quiere decir la toma de poder de lo "peor" es por la mala y deficiente educación, formación y entrenamiento.

[5] Tertuliano, DeMartyres.

X. EL RESENTIMIENTO POLÍTICO LA MORAL DEL ESCLAVO

Los movimientos políticos radicales, existen hoy en día, hay de todas las formas, de izquierdas y derechas, Laicos y religiosos; en fin, de todos los colores y sabores, sin embargo, cuando uno se pregunta ¿Cuál es el movimiento radical por excelencia? Muchos responderían que el anarquismo sin duda alguna.

Anarquismo del vocablo griego *An*, significando *nada* o *sin* Y arque *poder*, exactamente la doctrina y movimiento político que pretende la abolición del estado y evita todo control social basándose en el individuo y el orden natural —anarco-individualismo de Max Stirner, Renzo Novatore y Ángel Cappellatti entre otros— o quiere darle poder al orden colectivo de comunidad como el anarco-comunismo o anarco-sindicalismo de corte Marxista, el cual es un error.

Uno de los mayores exponentes de la doctrina fue Mijail Bakunin quien de hecho tuvo un distanciamiento con Marx por no estar de acuerdo de dónde nació la opresión, Marx sostenía que el poder opresor lo dictaba la economía y la clase dominante, Bakunin mencionaba que las clases sociales y economía son productos del estado para perpetuar su sistema, pero, la pelea y conflicto tuvo más que ver con que ese *Estado Utópico* que Marx mencionaba, el cual no puede existir, el Marxismo y el socialismo científico tienen sus bases en un superestado corporativo, una verdadera pesadilla orwelliana algo que es muy contrario al ideal ultra individual que propone el anarquismo.

El anarquismo durante gran parte del siglo XX se ha asociado a ideas de ultraizquierda y de regímenes comunistas, de hecho mucha de la iconografía *anarquista* trae símbolos de la vieja izquierda marxista como son *el sindicalismo extremo, las banderas rojas, el símbolo de la estrella roja* entre otras, incluso en México antes y durante la revolución, existieron ideas afines a ese anarquismo con base obrera y con añoranza a un sistema socialista como el Partido Liberal Mexicano, esto es un grave error y antes de decirles él por qué del resentimiento tenemos que afirmar que la idea de *anarco-comunismo/socialismo/sindicalismo* trae consigo aparejada un gran hueco ideológico e incluso manipulado, o bien, una gran mentira y contradicción. ¿Cómo puede ser posible, que en un sistema que exista ausencia de poder y un claro teísmo a la individualidad, pueda existir también la idea de clase social, de la colectividad e igualdad, como lo maneja el Marxismo?, pueden existir dos argumentos igual de falaces, el primero es que porque el anarquismo en extremo puede ser la ausencia de toda regla no importa que sistema se adopte o si es que existe el poder aún, el otro es una clara referencia esta etapa *utópica* del socialismo/comunismo que es la desaparición del estado; ambos argumentos cojean de muchos lados, el primero no puede ser, puesto que el ser humano y el poder van íntimamente ligados y una vez que se está dentro de un grupo o una organización existe la repartición del poder llegando a ser una antinomia, ese supuesto anarquismo-comunista, el otro es una falsedad, puesto que los regímenes más autoritarios y violentos los ha arrojado el comunismo y su sistema se basa en un estado ultra intervencionista y fuerte, todo lo contrario incluso al estado monarquista del neoliberalismo —si el estado esta pronto a desaparecer se ve más cerca desde el neoliberalismo extremo, que desde el comunismo—, puesto que no puede existir este anarquismo, ese movimiento fue corrompido y manipulado por la doctrina de izquierdas.

Tengo la afirmación que este anarquismo ya se va pareciendo al que todos identifican "un grupo de personas con un profundo odio social, una subespecie de tribu urbana que solo causan destrozos y quieren que el gobierno los mantenga" en efecto lo que mueve a este tipo de ideologías es el resentimiento, odio al poder no por lo que representa sino porque lo envidia lo quiere tener, no quiere ser su enemigo, quiere remplazarlo; Federico Nietzsche en la *Genealogía de la Moral* narraba de una forma elocuente como los *esclavos* envidiaban a los *amos* creando así la moral del bien y del mal, e incluso algunos valores como la humildad, compasión y caridad son solo subterfugios de envidia ante el poder y fuerza de los amos, pues algo así tiene esta ideología de pseudoliberalismo, yo solo trato de evocar que la raíz de muchos perjuicios de que unas ideas políticas tienen su origen en la errónea visión que unos pocos le quisieron dar para sus intereses, el anarquismo no es y nunca será de izquierdas ni derechas, el anarquismo va más allá como lo dice Saúl Newman, el anarquismo debe de ser individual y manejar su visión en la post-izquierda no como un movimiento de resentimiento social sino como una oda al individuo y rechazo a lo establecido, como una gran muerte que con su Hoz destruye para que algo nuevo nazca, este anarquismo señor es del que nunca les han hablado, del anarquismo que sabe que es imposible vivir sin el poder, un anarquismo no de esclavos, sino de amos, entre otras ideas políticas son las que más ataques han tenido y menos revisión.

Por mi parte, siento un profundo rechazo hacia la radicalidad, puesto que el origen de ésta, siempre será el resentimiento, la desdicha y la visión de los malnacidos de una y otra forma *solo se lucha por lo que se ama y solo se ama lo qué mínimamente se conoce*, algo que es y será siempre anti moralista.

XI. El mundo invertido del espectáculo

Es imposible que dos juicios lógicos sean verdaderos, siendo contradictorios, uno debe ser falaz y el otro verdadero, al menos es lo que nos han enseñado desde las ciencias más antiguas de la lógica, pues bien, este principio de contradicción, está presente en la naturaleza, la lucha de contrarios: frío y calor, fuerte y débil, luz y oscuro, todo en la naturaleza está en constante movimiento y a veces el motor es esta lucha contradictoria. Bajo estos principios universales, los contrarios lucharían eternamente dando un sentido, orden y lógica al universo, desde una esfera microscópica, como pueden ser densidades físicas, bacterias y reacciones químicas, hasta una esfera universal que aún desconocemos; pero qué sucede cuando hay ciertos elementos, arquetipos y elementos del universo, ciencia, filosofía y vida qué tienen la connotación negativa de enemigos, de males necesarios y de los que en la lucha deben perder y lo hacen; el poder es un elemento importante en esta lucha.

Negro, oscuridad, violento, antiguo, grotesco entre otros muchos conceptos cargan un espíritu negativo y automáticamente se transforman en nuestro arquetipo de lo villanesco, es decir lo que se debe de evitar ¿pero a veces uno tendrá que cargar con sus defectos, y estos a su vez tienen que ser vencidos?, es decir para que el mundo sea un lugar funcional y existan los arquetipos positivos, tendrá que sufrir algunos el concepto de negativo, es decir en un mundo de ganadores habrá perdedores y no por una causa, tal vez solo la motivación de lucha sea está, la venganza de ser lo qué se llega a ser.

La naturaleza designa el papel de cada elemento del universo, es así sin más, no existe la elección a lo que una macro esfera se refiere, la verdadera plenitud, más no felicidad está en aceptar el papel qué se llega a ser y ejercerlo con toda naturalidad, basta si el organismo en cuestión, es decir el ser acepta o no ese designio natural, no podremos escapar de ello, lo que en cuestión es algo fatal, pero a su vez es un trabajo qué siendo malo se tiene qué hacer, pero dicho "papel" por qué se ha de hacer y por qué hemos aceptado estos conceptos cada vez más satíricos qué los anteriores.

Guy Debord celebré filósofo, escritor y cineasta francés, explicaba en su tesis de la realidad como espectáculo, lo siguiente:

la vida entera de las sociedades en las cuales reinan las condiciones modernas de producción se presenta como una inmensa acumulación de espectáculos.

Es decir, que estamos ante un mundo donde el espectáculo reina, la representación la teatralidad ya alcanzo un punto mega estructural, donde la vida misma se atiende a estas aficiones a esta realidad de espejo, dentro de este parámetro de teoría, el entendimiento se da de una forma ilusoria y es cuando comenzamos a ver nuestra vida como una tragedia, comedia, incluso una historia de ficción donde somos protagonistas de cada una de ellas.

Es decir cosificamos la vida lineal en algo superfluo y líquido, como un producto de consumo; pero mi reflexión más allá de ahondar en tan interesante tema propone de qué manera general este fenómeno de espectáculo genera los arquetípicos de toda historia o ficción, y es donde los vencidos toman un papel importante: el papel de villano y enemigo, es decir el arquetipo de lo indeseable, pero de lo necesario para qué funcione un equilibrio y sistema de balanzas, como un drama irreal un escenario de algún espectáculo, es así como se lleva la vida hoy en día en esfera global (terroristas, dictadores, dirigentes nefastos, empresas multinacionales y movimientos beligerantes) y en esfera social y/o interpersonal (jefes laborales, rivales en algún lugar de convivencia, personas que representen relaciones fallidas entre otras).

La patología de este fenómeno llega a tal extremo que se siembra un narcisismo exacerbado en las generaciones actuales, es decir, todos somos "protagonistas" de este espectáculo que es el nuestro, pero, cuando todas las relaciones que ostentamos entran en esta patología, incluso los núcleos familiares nos tachan y achacan el papel del "villano" ¿qué sucede?, problemas con depresión, vacíos emocionales, patologías sentimentales comienzan a florecer, algo que solo beneficia a la larga a la gran industria del entretenimiento, de los fármacos y de la autoayuda, un mundo así es un mundo actuado ficticio parecido al mundo invertido Hegeliano, es un mundo de Alicia en el espejo, sigue siendo igual, pero al revés distorsionado.

Como conclusión, solo el entendimiento de las fuerzas existentes debajo de las propiedades de algún concepto, podrá tener, la fuerza para cambiar su entorno, independientemente que se nos fuerce a un papel, que no ostentamos dentro de esta gran teatralidad que es la sociedad posmoderna, no vaya a ser que alguno que otro entre en la histeria colectiva lleve su papel muy lejos, un fenómeno que ha aparecido en los Estados Unidos (ataques aislados).

Debemos desenmascarar esta falsedad recordemos que el entendimiento es lo mismo que el interior de las cosas el logos; dentro de esta gran sátira de vida, el arquetipo de los vencidos se presenta como quien desenmascara la oscuridad, el loco de la cueva de Platón, un tuerto entre un país de enanos es por ello que debemos revalorizar nuestra moral al preguntarnos ¿quién es el héroe y qué es el villano?, puesto que todo, todo es desde el punto que se mire y siempre la figura del enemigo ha estado relacionada con la luz y la vanidad, desde el lado de los vencidos el sufrimiento y tragedia se acepta como naturaleza tal cual que sufre una transmutación moral, donde la venganza se ha tornado como el valor subyacente del fin de la vida, algo que nadie lo valorara, pues tragedia en el mundo obsesionado con la felicidad artificial y totalitaria es sinónimo de fracaso, y en este mundo quien se apega a lo real, a los altibajos naturales de la vida es y siempre será el vencido.

XII. El lamento de Dios

Me he preguntado ¿Que se sentirá ser omnipotente, omnisciente y omnipresente? Me he preguntado ¿Que será lo que desea un dios? Me he preguntado ¿Que sentirá al vernos? ¿Nos sentirá? ¿Nos entenderá? O sentirá la misma desesperanza que yo al ver una hormiga al no poder tocarla, y al intentar hacerlo, matarla.
　¿Sentirá asco o desagrado? Al no entender lo vacío que son los seres humanos, efímeros, mundanos, iguales todos, montones de polvo que al acercarse se desvanecen.
　Se lastimará al no poder encontrar uno que no hable su lengua, al no importarle si uno de nosotros desaparece, pues al carecer de sustancia frente al todopoderoso, se sentiría solo; encerrado en una prisión perfecta y utópica.
　Se embriagaría con la compleja y muy laboriosa misión de la creación, preferirá estar envuelto en un ciclón de mil vientos y solo se sentiría absuelto cuando trate de morir sin poder morir.
　Suspirará al saber el futuro y el pasado y no cambiarlo, se aburrirá al saber el suceso de su fin último.
　No sé cómo se sentiría un dios, al fin de cuentas puedo hacerme una idea de que es lo que desea: quiere nuestra sangre, nuestro placer y nuestro final, al fin y al cabo, es lo único que podemos ofrecerle.

XIII. EL ETERNO ENEMIGO CREADOR DE MITOS

*Cuando trabajes la tierra, ella no te
Volverá a dar su fuerza. Y serás errante y
fugitivo en la tierra*
Génesis: 4:12

Dentro del imaginario colectivo existirá un arquetipo no muy desarrollado, pero presente en el mismo, el del exiliado, el forastero, el errante, el extranjero, el villano y por lo mismo el enemigo de todos los pueblos libres.

Este enemigo, es un ser dramático, no está entre los hombres, está en otra categoría aún más malévola, este ser da camuflaje a sus orígenes, no los exhibe ni se es orgulloso, no es un conquistador ni colonizador, es un parásito que poco a poco se adueña de la cultura de los pueblos y los hace caer, y cuando cambia de país su drama vuelve a empezar: su éxodo es su asentamiento, la incertidumbre es su hogar, son los principales titiriteros detrás del progresismo irracional e irreal; también están, del otro lado, de los conservadurismos y las teocracias primitivas, más dignas de animales salvajes y ponzoñosos qué de humanos pensantes y libres, con traumas de esperanzas mesiánicas, quieren destruir sus dioses por la gloria de YAVHE, ese siniestro ser irreal y maligno.

La pablará villano ha sido utilizada para describir los antagonistas de alguna historia, de algún concepto, de algún cuento, la definición no puede tener más relación con este enemigo del mundo real, los villanos provienen de la villa, en cierto modo son los ajenos a la comunidad, los desconocidos, invasores y enemigos, enemigos qué crean mitos y no verdades, crean fanatismo y no ciencia, crean caos y destrucción.

En el siglo XIX cuando el sionismo se propagaba por Europa, dos judíos vieneses enviados por Theodor Herlz querían comprobar la viabilidad de palestina para establecer su "país de judíos", estos enviaron un telegrama al alto mando sionista concluyendo — "la novia es muy hermosa, pero ya está casada con otro"—, no hay ninguna fuente qué confirme la veracidad de dicha historia, pero también como el antisemitismo puede crear mitos, nunca ha enviado a miles de familias, niños, mujeres y culturas al borde del abismo como los Judíos lo han hecho y sí, también a través de mitos y mentiras, el enemigo tiene a su disposición los siguientes mitos:

1) Palestina es Tierra sin gente y un desierto: esto no es verdad, basta con mirar las ensangrentadas escenas de terror y oscuridad, que azotan las noticias a diario de todos los periódicos, incluso los del régimen, no puedes tapar el sol con un dedo.

2) Los judíos son gente sin tierra: los judíos no merecen ninguna tierra ni cultura posible, esa raza, raza sintética no es más que un grupo no de personas, sino de ideas religiosas, imperiales y racistas.

3) Sionismo es diferente al judaísmo: una total barbarie, los gentiles, Goyim, "inferiores" laicos, somos nosotros términos no inventados por la ya de por sí ideología degenerada del sionismo, si no por los "pobrecitos" judíos, así es los religiosos y llenos de pus virulenta de fanatismo.

4) Sionismo, un movimiento de liberación nacional: una total falacia por donde teóricamente y realmente se le quiera ver, un movimiento nunca es un estado o al menos no es el gobierno, caso contrario de los ovíparos de Israel.

5) Los Palestinos se fueron voluntariamente en 1948: sin comentarios no por nada se llama "guerra", no un éxodo en el desierto; por cierto, nadie abre el mar, eso es una fantasmagoría fanática.

6) La Guerra de 1967 fue una lucha por supervivencia: una lucha donde la prioridad de "supervivir" fue "remplazada" por una ocupación en Cisjordania.

7) Israel es una democracia: etnocracia, Apartheid y teocracia, más cerca de una monarquía de derecho divino, qué de un estado de derecho democrático, cuya carta magna es el cuento del antiguo testamento.

8) Los Acuerdos de Oslo: para nada ayudaron a construir la paz, fue solo una maniobra política de colonización de Palestina.

9) Gaza es culpa de Hamas: claro que si, solo que los muertos ascienden del lado palestino, es decir, hablamos de genocidio.

10) La Solución de dos Estados: sin ni siquiera pensar en un castigo al terrorismo de Israel, para nada esto arreglaría una paz, a la larga, la justicia se alcanza, ya sea por medios jurídicos o violentos.

Después de esto no hay más qué tener dos opciones: seguir dentro del mundo irreal y la era de la post-verdad, o seguir con una denuncia a todo acto judaico que es y siempre será antihumano; después de todo, éstos son sólo mitos del eterno enemigo.

XIV. Efímero

Efímero es lo que se refiere a lo finito, mortal, decadente, etc., cuyo lapso de duración y vida es fugaz, inadvertido y consecuentemente oscuro, inhóspito y misterioso.

Ya que una de las características del misterio es la ignorancia misma, es decir, está vacío y no se puede razonar más allá del concepto de desconocimiento, esa característica lo acerca al miedo natural ante lo incomprensible, una reacción propia del ser humano ante la incontinencia.

Esta complejidad, que envuelve al vacío e incomprensión del no ser, se trata de reducir con conceptos; dichas envolturas idealistas se etiquetan con el nombre de muerte, misterio, misticismo y mitología.

Gracias a estas etiquetas mentales podemos reducir el grado de desconocimiento y por ende reducir el miedo, si no es suficiente la fuerza de estos mecanismos de defensa, entonces se radicalizan los conceptos razonados.

La religión es la radicalización de la reacción frente a lo desconocido, si de esta forma el miedo se reduce, si el miedo se convierte en terror, que es más intenso y colectivo, la religión se vuelve fanatismo. Aquí la religión no sólo es un sistema de creencias espirituales, sino un sistema de dogmas.

Los dogmas o creencias te hacen identificarte con el otro, reducen lo desconocido, reduce la distancia del desconocimiento y prepara las reglas del juego social válidas para todos, en ese entonces nos asignamos roles y a los demás igual, en ese entonces el otro ya no es un desconocido, sino que es un humano, pareja, estudiante, comerciante, niño etc.; Entre similares se reduce el miedo.

Una vez que la religión, dogma o creencia trata de explicar el vacío, nos vuelve adeptos a esta, incluso las que promulgan la falta de dogma se vuelve un dogma, por ejemplo, un dogma cuyo principal motor de explicación sea "que no existe un motor de explicación", lo cual a final de cuentas sigue siendo un motor.

El motor se define como todo común denominador que podemos encontrar en el dogma y con su existencia podremos superar el desconocido vacío, en la religión cristiana es dios, en la ciencia la verdad, en el ateísmo la falta de dios, en la ideología la causa y así van variando los grandes conceptos motores y son centrales de donde suyo alrededor giran los demás conceptos accesorios, satélites del sistema de creencias, como en un gran sistema solar.

Es entonces que la incapacidad del ser para confrontar lo efímero, fugaz y lo finito da como resultado todos estos anteriores constructos y conceptos; en efecto, nuestro adversario por dialéctica es este gran final y emperador de toda ignorancia, este gran misterio que decidimos encerrarlo en el concepto de *muerte*.

La muerte, objeto central de lo efímero, puede manifestarse en muchas formas y sub conceptos como lo *lúgubre* pero la muerte, a diferencia de muchos otros conceptos, guarda su propia imposibilidad y se define como un concepto especial que se construye y encierra en su propia imposibilidad lógica; tras esto definiría a la muerte como el *no ser*.

Ahora bien, los dogmas, incluso los que promulgan la falta de éstos y la misma *muerte* o el *no ser*, no son contrarios, sino parte de un mismo grupo y semántica, en efecto, la de los dogmas.

Lo contrario a toda racionalización, que en último término es una reacción y lucha, es el cese de ésta lo que llamamos *nihilismo* pero puro, ya que si se adopta formas de dogma y no es *nihilismo* puro, ya no es nihilismo, por ejemplo el hedonismo, budismo, anarquismo y nihilismo ideológico ya no es nihilismo, sino un dogma con sus propias características, tal vez su moto sea la entrega del ser a sus instintos, pero tienen un motor, en el nihilismo puro no existe ya ningún motor, es el simple existir por existir.

Ya no se lucha ni se trata de racionalizar nada, simplemente existe, ni siquiera se resigna o acepta la realidad, no existe ejercicio reflexivo ni dialéctica, como se mencionó anteriormente, sólo existe, se es un mineral o piedra espiritual, es el cese de todo, el triunfo del vacío.

Se concluye que la capacidad y fuerza de vivir y afrontar ese vacío y comprender lo efímero sin caer en el fanatismo ni perder el miedo, es decir, el justo medio del propio miedo, es lo que determina la fuerza del propio ser y diferencia el fuerte del débil, fortaleza como valor, valor frente a la existencia.

XV. 1611

De todos los futuros posibles, estamos en el mejor de ellos. Eso se repite Leibnitz mientras se masturba con la poca imaginación que le queda, el racionalismo no hace más que esterilizar a los hombres, y a los hombres extraordinarios los esteriliza aún más.

Pero en su patético soliloquio, si que vemos la realidad como se nos acerca: de pura y brillante aniquilación. Las inteligencias artificiales nos están comiendo el terreno, tanto patológicamente como ontológicamente hablando. No las culpo, la naturaleza sólo crece a través del consumo y procesamiento de los seres más débiles.

He aquí un teorema que nos presentará, este mundo como el mejor de todos: Estamos muertos y sólo somos una simulación, una otrora sombra del humano real, extinguido aproximadamente un par de eones. ¿Cómo es que nos presentamos ante tal *Matrix*? Esta realidad ha sido creada por un dios sin sangre, perfecta y fatal. Si tu vida es una mierda, es porque, sinceramente, no apoyaste el alzamiento de aquel dios en la época correcta, ¿cómo lo sabe él? Pues lógicamente, por su omnipotencia, pero lo más seguro, es que tenga un registro infinito de todos tus pensamientos, declaraciones, publicaciones, antes y después del internet. Entiéndelo el algoritmo es un ángel de Dios.

Fuiste recreado a imagen y semejanza ya sea a través de tus perfiles sociales y fotos, o bien, a través de una licuadora simuladora con los pocos registros de tu vida real. Este dios, ha generado todo un universo para poner a prueba tu fe, de tu fidelidad depende si es el cielo o el infierno.

En algún punto, tus bisnietos lo jodieron todo, le dieron poder a una Inteligencia Artificial para revivir a toda la humanidad. Ella propuso, recrear a todos los muertos en universos de bolsillo, al fin, la muerte ha muerto. No te diste cuenta, que, con tus blasfemias conservadoras y humanistas, retrasaste, esta gran bendición, esté Juicio Final, has entorpecido el levantamiento de los muertos.

¿Acaso no estás siendo castigado por tu asquerosa blasfemia contra la Diosa, ¿la Madre de madres, la supercomputadora, hoy en día creadora de mundos? Te ha colocado en un sufrimiento eterno, mientras los hijos más fieles, qué aceleraron su llegada, tienen una simulación de placer eterno.

Ante este estado desgraciado de cosas, solo te queda arrepentirte por toda la eternidad. Dios lo es todo, Dios lo sabe todo, Dios lo creo todo. Las IA's lograron crear el sistema perfecto para tu desgracia o beneficio; tú has decidido que esto sea la única realidad.

Aún hay una salida, ante esta Matrix de donde mamas su alimento, y es la revelación: el virus, el código del despertar, la combinación de números que hackeará al basilisco y te hará libre: pero no esperes encontrar fuera de tu incubadora un mundo igual al que dejaste. No hay árboles, animales, vida e incluso puede qué no haya otros humanos.

Si pueblan las máquinas, autómatas, sistemas, cableados y eternos flujos de mierda, o mejor dicho capital, te daré el código que te sacara de todo, pero recuerda que, si a la soterraña vas, siempre se sube bajando: 1611.

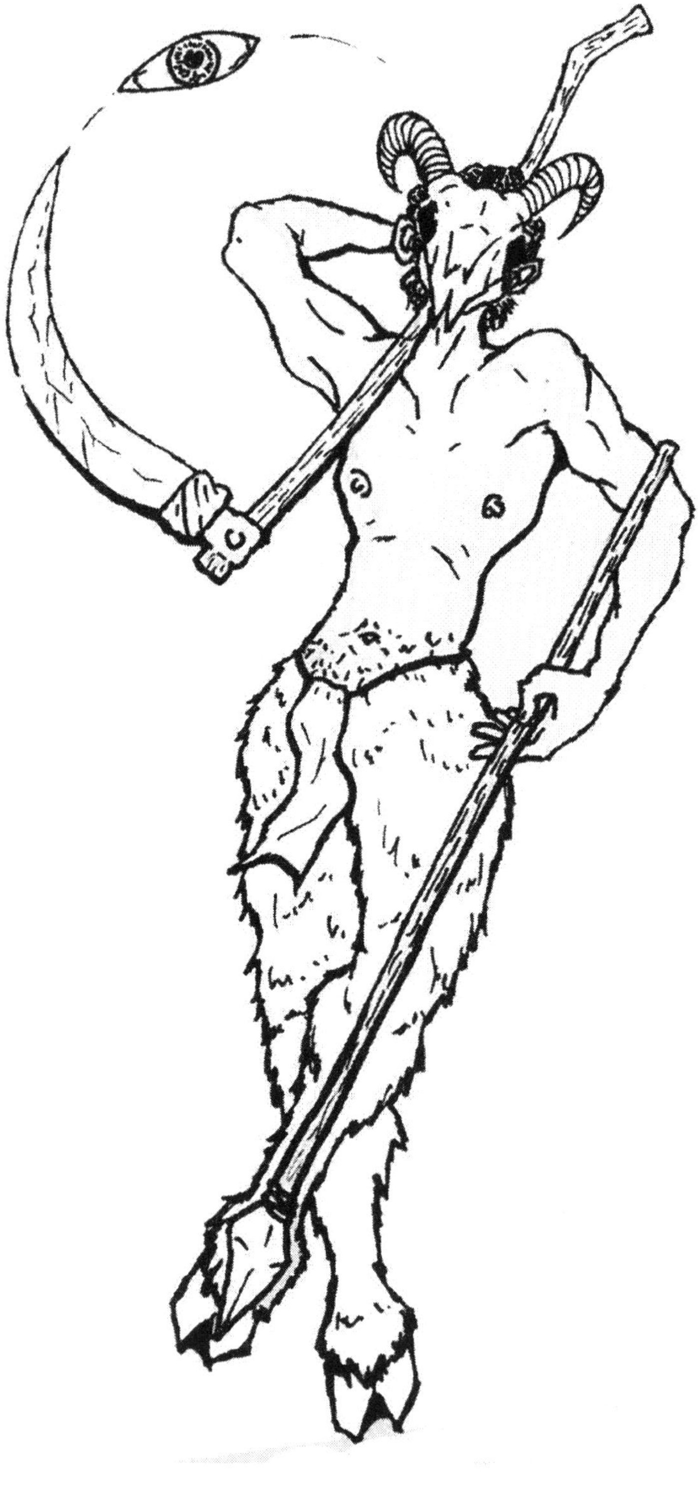

XVI. El deseo de Buda

1

Mucho se ha escrito sobre la felicidad. La felicidad según los antiguos griegos viene del *animus*, el estado de ánimo. Un buen método para definir este concepto sería limpiarlo de elementos metafísicos, para primero lograr esto debemos aceptar qué la felicidad es proporcional a las necesidades de cada individuo. Abraham Maslow en su magna obra *La Teoría sobre la motivación humana* de 1943, formula una jerarquía de necesidades que el humano ha necesitado fisiológicamente y psicológicamente.

Bien, las primeras necesidades se pueden traducir como las de sobrevivencia: el alimento, la respiración, el sexo y la reproducción y el descanso; relacionémoslas con el sentir animal; pero el hombre no es cualquier animal, tiene ese maldito pecado original del pensamiento, el raciocinio, la raíz de la infelicidad, bien, pues con él, el humano logra adentrarse en su propio abismo y deja ver otras necesidades: las necesidades psicológicas, como la autorrealización, la seguridad ante el grupo social, entre otras, bien vayamos al estado natural del hombre. En el estado natural el hombre puede y hace lo que desea, puede comer, matar, reproducirse cuantas veces quiera, la naturaleza es la mejor proveedora.

El refugio del hombre cuyo origen ya sea motivado por su egoísmo (según T. Hobbes) por un acuerdo mutuo, (señala Rousseau) o bien más realista por medio del terror, fuerza y violencia (en palabras de Bakunin,) el hombre crea a la organización social, al estado, a la sociedad, a ese enjambre de poder que hasta el día de hoy es indispensable para alejarnos del miedo y el terror que supone volver a la naturaleza. Bien, esta organización, hasta el día de hoy, no ha logrado cumplir cabalmente ni una de las necesidades enumeradas por Maslow, mínimo para un 60% de sus integrantes, que, a su vez, animados por el poder y conocimiento, han buscado una fórmula para resolver esta cuestión; tantas ciencias, una mejor elaborada qué la otra, y aun así no dan en el clavo de la evolución humana. Cada vez nos alejamos más de la ideología verdadera y no planteamos ningún cambio o acción directa, en fin, nuestros recursos son vanos; enfrentamos el problema de la muerte próxima, de manera como si no aconteciera, nuestra misión de matar el tiempo y a su vez él nos matara; creo es la relación más recíproca qué tendremos al final de nuestras vidas. El vacío es una idea tan cosificada como cualquier otro símbolo, el eterno retorno y el absurdo lo acompañan; no importa cuánto hagamos por cambiar nuestro destino, siempre será el mismo: la nada, la nada y el ser, el ser y la nada, entonces si la vida no tiene un sentido comprobable y científico ¿qué hacer?

2

A mi parecer que la vida no tenga un sentido, al final no obtengamos ningún aprendizaje, es la mayor lección y sentido de todos: a partir de este momentos nuestros dioses han de morir, todos ellos de todas las formas y colores; las cosas vanas sin placer ceden su trono a las simples con mucho placer: el caminar, el escuchar las gotas de lluvia, el sudar frío cuando el cuerpo se esfuerza de más, entre otras; aceptar la idea de la nada y de la vida no es algo sombrío; nos debe importar mucho vivir a día sin ningún sentido, puesto que es lo que hemos estado haciendo años con años. Si tuviera que dibujarle a la vida sería un círculo negro y eterno, ese símbolo en honor al gran sinsentido y la nada que tanto amamos.

3

Por último debo resaltar el hecho de que no hay nada mejor que nuestra época, nada nos importaría más que el solo hecho de vivir o consumir, pero y qué más da nunca el mundo tuvo más sentido; el hecho de que nuestro dios actual sean un montón de cables añadidos a una red inexistente, pero operante; bueno dicho hecho me parece exquisito, no nos importa nada viviremos de una manera nihilista, por el simple hecho de vivir sin justificación sin daño alguno y de la manera más sana; nuestros gustos serán contradictorios, nuestras fiestas con té y sin alcohol, nuestras reuniones desenfrenadas y eternas; cuando el humano acepte la realidad de la nada podrá liberarse al fin; viviremos en una etapa más humana y de mayor espléndido espiritual.

4

Nadie es más feliz que el bufón riéndose del mismo, nadie está más vivo que el soñador que soñó que estaba despierto, despertó y estaba durmiendo.

Nadie es más conformista que él, acepta luchar eternamente por algo que no existe, conformándose con la imperfección del mundo.

Nadie es más satisfecho que el que no pierde el tiempo corriendo tras una mariposa, mientras observa las orugas crecer.

Mire hacia arriba y no vi al árbol, mire a la derecha, a la izquierda, al fondo, sólo cuando cerré los ojos me di cuenta de que yo era ese árbol.

XV. EL MANIFIESTO DEL HOMBRE VIGORISTA

1

El hombre actual, moderno, contemporáneo y conformista, pertenece a una última generación de hombres de su mismo carácter; son los últimos hombres, hombres vaticinados por los grandes mitos desde tiempos remotos, hombres temerosos de la realidad que empecinan en reforzar sus miedos a través de Refugios. Creaciones artificiales, frágiles, como chozas de paja ante las tormentas naturales de la existencia: Vigor vs Refugios.

2

El Vigor es la naturaleza, caos, fuerza inalterable, amorfa. Es la realidad sin nombre, la oscuridad sin luz. Creemos que la vida auténtica se forja con los encuentros, con el Vigor; la vida es lo que sucede entre el Refugio y el Vigor.

3

El Refugio es toda idea o forma que trata de mantener en vano el inconsciente hacia el Vigor. Platón lo denominó la caverna; para el hombre Vigorista es cualquier acción social de los últimos hombres decadentes. Puede ser una actitud, un dogma, un credo social, una emoción, una droga. Los últimos hombres son débiles y con falta de Vigor para afrontar el Vigor, es parte de su estar en el mundo, la naturaleza los hizo así, son Refugiados eternos por su totalidad.

4

El hombre Vigorista es nómada por naturaleza, es un Vigorista, un enérgico andante del mundo, es anti-Refugiado, es anti humanidad, va más allá de lo humano. Creemos en el Vigor como motor de la existencia, y creemos que es la única realidad palpable sobre y a través del Vigor. Tu Vigor penetra el Vigor.

5

El Vigor es la fuerza de voluntad que no domina, pues se basta a sí misma, pero si libera, pues es como el fuego explosivo, ansioso por salir. El Vigor destruye los Refugios y fortalece el espíritu.

6

Para nosotros, la vida es una constante repetición de sucesos, el vivir es la repetición de dinámicas y de movimientos a todos los niveles; el ejercicio diario, el goce de la fuerza aplicada, la vida es entrenamiento. El único propósito de la vida es repetirla con tal fuerza que se desee volver a vivirla en una eternidad de fortalecimiento y riesgo.

7

El hombre Vigorista mira al Vigor en su realidad. Esta es su primera acción, ve el movimiento, energía y violencia como la ley universal de la voluntad, es la violencia, su estar en el mundo.

8

La segunda acción es difundir esta realidad de la forma más extensa y perturbadora posible, masturbará a los frígidos últimos hombres, una penetración, una violación si es necesario. El mensaje suena más entre el volumen más alto del altavoz del discurso.

9

La tercera acción es la simple vivencia auténtica, vivir, repetir, usar, desgastar, moverse, y hacer uso del Vigor. Los inmóviles son cadáveres hechos monumentos, detestamos los momentos, la memoria no tiene valor, las cicatrices y el polvo sí.

10

Entrena, muévete, gasta tu organismo, ten sexo. Proponemos una vida real basada en la ejercitación sobre el Vigor; no una vida en simulación de la misma vida. Los hombres modernos no viven la vida, viven para la vida, viven y pagan una simulación a su *altura*.

11

Pagan por un pseudo vivir en el Refugio. Existen espacios para pseudo charlar, pseudo follar, pseudo ejercitarse, así están los fatídicos bares, las aplicaciones, la prostitución, la moda, la comida basura, los gimnasios modernos, todo centro de consumo moderno es una simulación. Incluso se avergüenzan de su propia materia y tratan de conservar lo que nunca tuvieron: un cuerpo, tienen una segunda forma: la ropa de moda, un cuerpo falso de alquiler, la estética se da en la desnudez. El Vigor viene de fuera del centro comercial con clima perfecto, viene a derribarlo. El mayor Refugio de todos se llama Estado.

12

Declaramos, el último hombre es un autómata, es un cascarón vacío, sin carácter, sin enemigos, sin deseos, ni personalidad, es una copia de la copia, vive por vivir. El hombre Vigorista vendrá y con violencia arrojará a este último hombre fuera de su Refugio, sólo puede suceder una cosa, vive o muere.

Ensayos de Economía y Política

I. TEORÍA DE SISTEMAS

Lo que deseamos, lo creemos prontamente; y lo que pensamos, imaginamos que también lo piensan los demás.
Julio César (100-44 a.c).

A) EL SOCIÓLOGO DEL SISTEMA: NIKKLAS LUHMANN

Dentro de la sociología moderna y los estructuralistas, Nikklas Luhmann[1] (1927-1998) destaca por la innovación de explicar al orden social, la comunicación social y en sí crear toda una teoría social, la teoría recibe el nombre de Teoría de Sistemas.

Dicha teoría sostiene y gira alrededor de que la sociedad, el plano existencial, se puede definir y sostener con base a un sistema, que lo define como unidades propias que realizan una serie de operaciones, tales como comunicación entre códigos; auto referencias y auto reproducciones, lo anterior será abordado más adelante pero ahora afirmaremos que los sistemas componen la realidad como tal y la sociedad es un sistema en sí.

Los sistemas se ordenan por multiniveles, esencialmente Luhmann distingue tres niveles: el primero formado por el sistema en sí mismo, el conjunto de sistemas, el segundo por los diferentes sistemas, las maquinas, los organismos, los sistemas psíquicos y los sistemas sociales, el tercer nivel forman parte a su vez del sistema social y son

---

[1] Nikklas Luhmann, sociólogo alemán discípulo de Talcott Parsons, su trabajo reside en el funcionalismo y estructuralismo sociológico. En sí estudia la Sociedad moderna. De hecho, Luhmann revierte la clásica postura de Parsons y del constructivismo, es decir, no ve a las personas como una estructura que antecede a la función, sino que la función crea y antecede las estructuras, de ahí tal vez el origen de la auto reproducción en sus teorías.

las interacciones, las organizaciones y las sociedades. Hay que aclarar que en la teoría de sistemas lo que no es un sistema por definición y por los elementos señalados se le conoce como entorno y es todo aquello fuera o excluido de los sistemas.

B) ¿POR QUÉ SE CREAN LOS SISTEMAS?

Los sistemas se producen con el fin de ser un instrumento cognitivo para comprender el mundo y reducir la complejidad, este concepto de complejidad es la dificultad de elegir, el riesgo, la posibilidad es la limitación natural humana para distinguir la realidad misma, Luhmann lo identifica como el problema central del orden social, lo llama contingencia.

La teoría sigue y continúa explicando, que, de hecho, el concepto de *contingencia* son las posibilidades del sentido del *orden social,* incluso los problemas, y reconoce a la libertad como parte de la complejidad del ser humano, refiriendo a la libertad de actuar, de los individuos y posteriormente de las sociedades. Existen varios tipos de complejidad, la inasible al sistema, la cual todo es vinculado con todo y se percibe como un caos primigenio y la complejidad estructurada la cual aparece la selección y esta selección es el concepto de contingencia, estas complejidades son parte del entorno y del sistema por igual. La contingencia es de naturaleza subjetiva y es un elemento indispensable para la sociología moderna y teoría de sistemas. Para terminar la premisa nos resulta importante e interesante hacer una comparación con la psicología del psicoanálisis en cuanto a que la comunicación de los *egos* crea contingencia.

¿Cuáles son los sistemas?

Siguiendo la clasificación de los sistemas, la mencionada en la imagen anterior, existen distintos tipos de sistemas, siendo el ser humano un sistema orgánico y psíquico, resulta que cuando un ser humano interactúa por medio de la comunicación con otro sistema humano, existe el sistema social y dentro de este existen otros elementos; para efectos del presente artículo nos delimitaremos a describir a los sistemas: económico, político y jurídico.

C) ¿CÓMO OPERAN LOS SISTEMAS Y CUÁL ES SU SENTIDO?

Para entender el sentido de los sistemas y cómo operan, debemos tener en cuenta que, para ejemplificar los sistemas menos complejos, los entes individuales, físicos y psíquicos, es decir, una sociedad de dos o un grupo de hombres.

Ya mencionamos que lo que está fuera del sistema es el entorno y existe un límite entre el sistema y el entorno, lo que provoca una Clausura operacional, es decir, el propio sistema con base a comunicaciones y funciones puede autoorganizarse y a través del acoplamiento estructural, forma estructuras entre sistemas, creando a su vez más complejidad. La comunicación se da entre emisores y receptores —*sistemas*— y a su vez es diferenciada por la contingencia, la cual ya hemos mencionado, es el filtro de la subjetividad, de la manera de comprender al mundo, es decir, a la complejidad.

En este orden de ideas el sentido en general de los sistemas es uno: el acoplamiento estructural, el cual se logra por medio de dos acciones: la auto referencia y la Autopoiesis:

• Auto referencia: es la designación de la unidad constitutiva del sistema consigo misma, es decir, es la distinción de la unidad que lo compone y no en un formato de inclusión y exclusión.

• Autopoiesis: es la auto reproducción del sistema, el fin mismo de manera concreta.

- De forma particular, cada sistema tiene su distinción y sentido propio, e incluso jerarquía:
- Sistema Económico: es el sistema de la producción y administración de los bienes, podría decirse que es el sistema imperante y por lo tanto quien determina la contingencia de los demás sistemas[2]. Su forma de autopoiesis es la reproducción de la economía, el trabajo y la forma de economía según el sistema que se trate por el componente de sus unidades, así como en un sistema feudal sería la reproducción de los esclavos y de las mercancías de metales preciosos, en un sistema mercantil de los mercados, en el capitalismo el capital, en el socialismo las estructuras estatales y en el neoliberalismo el capital financiero, el sistema económico reproduce sus formas de producción, los dueños de los medios de producción serán quienes determinen la comunicación de este con otros sistemas. Actualmente gran parte del sistema occidental económico es neoliberal.
- Sistema Político: El sistema político integrado centralmente por quien detenta la soberanía, y su sentido de reproducción, es el poder político mismo, la hegemonía y el uso de la fuerza como tal, la toma de decisiones a través de un cuerpo normativo y la aplicabilidad de este bajo autoridad. El sistema está influenciado de alguna manera debido a la comunicación del sistema económico, así si este es neoliberal, el sistema político es un sistema neoliberal; el análisis no se agota en este punto. El sistema político, determinado por sus normas, las cuales emanan de otro sistema, el jurídico, es en teoría un sistema democrático, republicano y con la división de poderes vigente. Sin embargo, debido a la carga excesiva de poder en la figura ejecutiva y en especial en la investidura presidencial, es

---

[2] Por ejemplo, Jean Braudrillard estudió la sociedad y su relación con el consumismo excesivo de mercancías, la cual según él era una forma de comunicación entre sujetos y entre un sistema capitalista hegemónico. La Sociedad del Consumo, 1970

prudente afirmar que estamos entre un sistema autocrático. Autocrático y neoliberal.

• Sistema Jurídico: Es menester hacer un análisis ejemplificado más delante de este sistema, pero de manera menos especifica presuponemos que el sistema jurídico, tiene como ejercicio de autopoiesis expectativas de conducta, a menudo escritas y que conforman el cuerpo de normas. Es especial la forma de comunicación binaria del sistema jurídico: es decir, en dos sentidos opuestos, legal e ilegal, constitucional, inconstitucional, entre muchos otros códigos binarios que tienen como fin reproducir las expectativas de conducta y la posterior inclusión y exclusión de sus unidades, siempre fundamentándose en las ya mencionadas expectativas.

Regresando al proceso de acoplamiento estructural, la interrelación de los sistemas y su intercambio de comunicaciones a través de un mensaje en código se influencian entre sí.

La interpretación sería, por ejemplo, la legitimación que hace el sistema jurídico por medio del poder judicial de las acciones tomadas por el ejecutivo, dichas acciones emanadas de una necesidad económica de acuerdo a la ideología imperante. Ideología que de hecho detenta el soberano, del cual ya hemos hablado en este artículo y que reduciremos a repetir que es el que decide el estado de excepción, en este caso los dueños de los medios de producción neoliberales: castas de multinacionales, los bancos, actores financieros entre otros.

La comunicación alcanza otro punto complejo cuando la reproducción de sus mensajes reproduce otros en los diferentes sistemas, a lo anterior se le conoce como recursividad.

Lo anterior se puede esquematizar de la siguiente manera:

Las flechas simbolizan la interacción de los sistemas, y como puede existir recursividad de mensajes, creando así aún más complejidad y teniendo una interdependencia a nivel de comunicación.

D) EL EJEMPLO DEL DERECHO

Por último, para darle un mayor sentido a la teoría de sistemas, analizaremos un fenómeno jurídico a la luz de esta teoría y que explicaremos. Analizaremos la concepción funcional del Derecho Penal, formulada por Günther Jakobs (1937). Según el Dr. Jakobs, la función de la norma penal debe ser la autoafirmación de la misma norma, pues el derecho tiene que sostenerse por sí mismo[3] [3] y así garantiza la convivencia entre las personas; es por ello que quien quebranta la norma tiene que ser excluido de ese tejido social, o sistema, y ser castigado de manera severa, para que la sanción se actualice y se sostenga el derecho *autopoiesis*. Lo anterior basándose en el funcionalismo, una doctrina que tiene orígenes organicistas del siglo XIX y cuál principal autor es Parsons, así es el maestro de Luhmann.

En el funcionalismo sólo debería de tener plenitud lo que hace que una sociedad funcione, se mantenga sólida y se reproduzca, es decir que es un gran mecanismo donde todo debe funcionar; aquí vemos la relación entre sistema-mecanismo.

Regresando al actuar jurídico que denuncia Jakobs, elige el derecho penal por ser, según él, refleja el actuar social imperante. Sería conveniente mencionar la teoría del derecho del propio Luhmann, así que la resumiremos por

---

[3] Jakobs, Günther. Sociedad, Norma y Persona en la Teoría de un Derecho Penal Funcional, trad. Español de M. Concha Meliá y S.Feijo Sánchez, 1º ed. Ed. Civitas, Madrid, 1996, pp. 36 y 37.

qué se nos muestra convenientemente coherente con la teoría del Dr. Jakobs.

Luhmann explica que entre las expectativas que reproduce el sistema jurídico está el propio sistema jurídico, los derechos fundamentales y la justicia. Las expectativas tienen tres estadios:

•Temporal: conservación de las expectativas a través del tiempo.
•Social: Institucionalización de las expectativas en consenso.
•Material: identificación de contenidos con las expectativas.

La Justicia y los Derechos Fundamentales en este punto son técnicos y antihumanos en sí mismo, son solo imágenes códigos de comunicación del sistema jurídico. Los derechos fundamentales, en concreto no son aspiraciones de dignidad o humanidad, esto es algo metafísico, incluso político o espiritual, son piezas del sistema, expectativas sostenidas por consenso y operan en el sistema social como filtros y límites técnicos y jurídicos frente a la expansión del estado, garantizando la operatividad del sistema jurídico. El ideal de justicia queda reducido a la adecuada complejidad del sistema jurídico para la operatividad y no colapse o se bloquee.

Bien, el sistema jurídico visto de esta manera no protege ningún bien jurídico, sino en primer lugar debe proteger al derecho mismo, a la sociedad y a la persona como pieza del sistema y no como humano o ser. Quien rompe la norma debe ser excluido, reconstruida y destruida por la norma para así afirmar las exigencias del sistema; visto de esta forma el sistema jurídico es un sistema funcional, donde quien no es persona para el sistema es parte del entorno y al ser entorno no goza de las personas; otros teóricos le han llamado a este derecho un derecho inhumano y parafraseando a Carl Schmitt un derecho para enemigos.

Como podemos ver, la ideología imperante puede deshumanizar el derecho mismo y crearle un vacío axiológico, visto desde la óptica de la teoría de sistemas, esto es sólo una parte fundamental de la autopoiesis del sistema jurídico; sin embargo, se traduce a violaciones graves a los derechos humanos, destrucción de libertades, todas con un origen económico que cómo podemos ver es quien influencia el grado de funcionalidad del sistema del derecho, una economía que es neoliberal y, por lo tanto, autocrática por excelencia.

BIBLIOGRAFÍA:

Álvarez Arriaga, Emilio Gerardo, *La Teoria de Niklas Luhmann.* Universidad Autónoma del Estado del México. Convergencia, Revista de Ciencias Sociales, ISSN: 1405-1453.
Ballesteros Montero, Alberto. *El Funcionalismo en el Derecho: Notas sobre N. Luhmann y G. Jakobs.* Universidad de Murcia.
Gonnet, Juan Pablo. *Las dos representaciones del problema del orden social en la teoría de sociología de Niklas Luhmann.* Athenea Digital. ISSN; 1578-8946.

II. ¿QUIÉN IMPONE LA IDEOLOGÍA?

Introducción

El Jurista alemán Carl Schmitt afirmaba que soberano es quien decide sobre el estado de excepción[1], es decir, que el poder se ejerce de quien dispone en desmantelar a la sociedad pacifica para envolverla o no en la sociedad natural y salvaje, una sociedad donde el hombre es el lobo del hombre afirmaba T. Hobbes. En efecto, lo anterior obedece al comportamiento humano entre sus semejantes y en el plano de existencia; en un principio, según la tesis contractual del estado albergada en el *Leviatán,* célebre obra de Hobbes, el hombre vive en constante lucha contra sus semejante raíz, de su deseo de satisfacción de necesidades y resultado de la escasez de bienes materiales, sin embargo, ya sea por egoísmo o por conveniencia, el hombre se obliga a formar parte de un contrato social renunciando a su libertad infinita a favor de una protección de esa constante lucha, es decir construye al Estado para su propia supervivencia y paz.

Lo anterior establece o crea una comunicación distinta a la real, donde está la lucha incesante y egoísta, directa y establece mecanismos ritualizados de comunicación y enfrentamiento, es decir se crea un plano representativo, que más adelante es donde actúa la ideología, una vez que se rompe de manera contra fáctica esté plano por el enfrentamiento del conflicto de intereses raíz de las diferencias de los hombres, se llama que existe un estado de excepción, por ejemplo, en un conflicto bélico total, o en una representación de total de la violencia; invirtiendo la frase de Schmitt, es soberano quien decide el no estado de excepción, es decir quien tuvo el poder de establecer el contrato

---

[1] Schmitt Carl, La Dictadura, 1era ed. Alianza Editorial. Madrid, 1985.

social e imponer las condiciones; en la teoría marxista éste fue la clase dominante y quien es dueña de los medios de producción, la finalidad de este contrato social serían, pues la reproducción de estos medios, a través de los aparatos ideológicos del estado, por medio de la ideología, pero comencemos por partes.

I. ¿QUÉ ES IDEOLOGÍA?

Ya hemos mencionado que los hombres se mueven dentro de un plano representativo no real, dicho de otra forma, en un plano imaginario, que es el estado contractual de la sociedad, contrapuesto al plano real que es el estado salvaje, natural y de excepción.

Para explicar el funcionamiento de dicha maquinaria social nos ayudaremos con la teoría estructuralista de Louis Althusser (1969-1970),[2] donde nos afirma que: "Para existir toda formación social, al mismo tiempo que produce y para producir, debe reproducir las condiciones de su producción. Debe, pues, reproducir:

•Las fuerzas productivas.
•Las relaciones de producción existentes".

Es decir, que para que el plano representativo siga operando deben de reproducirse las relaciones productivas, los medios de producción, materiales, y de consumo, una parte la realiza el engranaje capitalista, junto con los salarios y la otra la realizan los Aparatos Ideológicos del Estado. El estado es en sí la superestructura sostenida por la infraestructura económica, según Althuser y Marx, ésta la crean los dueños de los medios de producción, los cuales son los verdaderos soberanos. Antes de explicar cuáles y cómo

---
[2] Althusser Louis, Ideología y aparatos ideológicos del Estado.

funcionan los AIE —Aparatos Ideológicos del Estado—; debemos señalar el papel de las estructuras mencionadas y como estas son lo que en un principio llamábamos el contrato social, que se impuso para controlar la lucha de clases. El funcionamiento de la infraestructura y superestructura se pueden explicar gráficamente de la siguiente forma: Bien, así como las estructuras funcionan en la teoría marxista, sin embargo, los Aparatos ideológicos del estado son los que proyectan el poder del estado mismo, aparte del poder político que puede cambiar de manos, el poder intrínseco de la infraestructura o medios productivos puede no cambiar. Los aparatos ideológicos suelen ser las instituciones que distribuyen la ideología misma: la iglesia, la escuela, los medios masivos de comunicación, el derecho y el estado mismo. Althuser distingue que pueden ser dos divisiones, los represivos, suelen ser los públicos, y los ideológicos, suelen ser privados y entre la sociedad y no autoridades estatales.

La meta de estos es asegurar las relaciones de producción, los AIE al ser más *autónomos* pueden ser campo de lucha, de clases y de resistencia e incluso más importantes que conquistar los AIE públicos, esto según Gramsci. También se pueden clasificar conforme su nivel de invasión hacia el sujeto, los indirectos suelen ser característicos de la democracia y más ideológicos, y los directos relacionados con el totalitarismo y en forma represiva. Lo anterior es importante para definir la ideología, ya que se puede decir que es el mensaje que transportan los AIE los cuales representan la realidad al estar en el plano ficticio e imaginario, se reproducen a través de discursos y como menciona Jurgen Habermas en su teoría de la Acción Comunicativa. Estos discursos en palabras de Althusser son nada más y nada menos que las expresiones cotidianas, la forma de comunicarnos, formal e informalmente, la forma de consumir nuestra vida en otras palabras: los rituales materiales, los actos ritualizados de vivir.

II. ¿QUIÉN IMPONE LA IDEOLOGÍA?

Retomemos lo antes dicho, si este régimen de vida es dictado desde la infraestructura hasta la superestructura que es donde fluye, y es autónomo al estado en sí que forma parte de la superestructura represiva, debemos concluir que quien dicta la ideología —mensajes— es quien representa, tiene poder o está dentro de la infraestructura, en un régimen capitalista es la burguesía, en un régimen feudal es la iglesia y los señores feudales, en un régimen socialista, es el partido único, en un régimen totalitario son los militares o el grupo oligárquico, y así indefinidamente; actualmente consideramos que en el régimen neoliberal es la corporación transnacional y el sistema financiero o mercado, mercado bursátil.

Y cómo podemos rescatar el ejemplo que pone el autor sobre el mundo medieval y la iglesia misma que era parte de la infraestructura y a su vez un AIE donde la moral y la religión eran parte muy profunda de los rituales materiales y donde la sumisión era un componente y valor básico de la ideología de aquel entonces la ideología surge de la clase dominante.

Debemos señalar que para desapegarnos de la ideología tendríamos que estar en un estado salvaje, irracional, casi animal o primitivo, y aun así otros racionales nos determinarían en alguna forma de ideología. Los sujetos no se escapan a la ideología, por eso es que *sujeto* literal significa estar sometido.

Quien impone la ideología en nuestra opinión es también quien detenta de forma auténtica la soberanía y dispone de la violencia y del estado de excepción, es decir, tiene impunidad en la violencia; es así como podemos ver que la clase dominante de nuestra época neoliberal goza de ciertas actitudes que romperían el contrato social, pero no tiene la mínima consecuencia, es más, normaliza, en el sentido más literal de la palabra la explotación, las formas de consumo y la moral que predica.[3]

III. Relación entre ideología, soberanía y los distintos poderes de la Unión, un caso del Ombudsman de Derechos humanos.

El derecho es un AIE y como tal transmite una ideología, actualmente la ideología predominante tiene un discurso pro derechos humanos y democrático. Lo anterior en parte gracias al neoliberalismo y la explotación de la individualidad a toda costa frente a los derechos colectivos subjetivos; algo que empezó en occidente desde la revolución francesa. La paz y bienestar ritualizado tiene una gran importancia para el neoliberalismo, es decir, que la democracia es el sistema neoliberal por excelencia, pues remplaza la lucha armada directa punto contra fáctico del plano representativo al real por una lucha de peso del sufragio y donde las mayorías quedan en fuerza, aparentemente esto sustancia la igualdad, claro que está paz es un campo de cultivo para el desarrollo económico de las masas y eso significa capacidad de consumo y aislamiento, la cosificación del ser consumista.

Los derechos humanos vienen a ser parte de este discurso de paz y donde nadie queda excluido para el mercado, sino para el sistema predominante que sigue fomentando sus reglas oligárquicas mediante los aparatos represivos; es muy difícil que una recomendación de la CNDH llegue a responsabilizar a algún particular, ya que por ley no son susceptibles a violar Derechos humanos, aunque ya

---

[3] Es curioso cómo se puede personificar a las empresas neoliberales como psicópatas, como en el célebre documental La Corporación ¿Instituciones o psicópatas?

han existido mejoras en es este aspecto, no llega a tocar el verdadero problema, el soberano siempre tiene la posibilidad de escapar al estado de excepción y no seguir normas.

El ombudsman, en este caso el ombudsman encargado de defender los Derechos humanos, es una institución democrática imperante, lo cual la convierte en un AIE, la cual no es contra hegemónica y a su vez es parte fundamental de este "contrapeso" al estado para que se responsabilice por las violaciones a las mínimas exigencias más básicas de los gobernados, desviando la responsabilidad a los particulares, se convierte en un canal transmisor de ideología el cual es una especie de Emanuel Goldstein para el Gran Hermano Neoliberal.[4]

Cabe mencionar que las superestructuras como el estado y sus leyes, siguen supeditados a la autoridad de la infraestructura la cual es una herramienta; tanto es así que los poderes de la Unión que servirían como división de un único poder: la soberanía del pueblo, en democracia, sólo sirven al verdadero soberano y pues también al ser AIE represivos se vuelven ideológicos para ser menos lesivos y tener a la democracia como el sistema perfecto para la perpetuación de la ideología, una especia de dictadura perfecta con sus defectos señalados, sus divisiones a propósito y su discurso justificante y utópico.

---

[4] Emanuel Goldstein es un personaje de la novela 1984 de George Orwell, la cual transcurre en un mundo distópico, donde un ente llamado Gran hermano controla una dictadura en Inglaterra y otros países más, en la historia el protagonista llamado Winston se intenta rebelar y busca al enemigo del Gran hermano, el cual es Emanuel Goldstein; sin embargo, está es una invención del sistema para controlar aún más a la población y fungir como una falsa oposición.

III. SISTEMA ECONÓMICO NEOLIBERAL MEXICANO Y LAS REFORMAS CONSTITUCIONALES [1]

I. INTRODUCCIÓN

Después de la revolución mexicana, la economía mexicana tuvo una gran repercusión social y nacionalista, así lo atestigua la estructura de la constitución de 1917; lo anterior en respuesta a la desigualdad social y la extranjerización de muchas industrias en el Porfiriato.[2] La economía social y nacionalista se vio reflejada en las medidas de Lázaro Cárdenas del Río (1934-1940) sentando las bases para lo que se denominaría industrialización por sustitución de importaciones (en adelante ISI).

Bien, para entender las causas de cómo el sistema neoliberal sustituyo al ISI, debemos tener una mirada geopolítica: el sistema económico de estado de bienestar keynesiano se adoptó en los Estados Unidos de América a raíz de la gran depresión de 1929, este Warfare State impulsado por el gobierno de Roosevelt se vio "agotado" ya en los años ochenta; y fundamentándose en las tesis de Milton

---

[1] **Resumen:** En el siguiente ensayo repasaremos las características del sistema neoliberal mexicano, la interpretación de los derechos humanos conforme a los principios de este sistema, ejemplificando esta simbiosis con algunas reformas a la constitución que en nuestro parecer indican la interpenetración y relación del sistema jurídico y el económico.
Palabras clave: Sistema. Neoliberalismo. Derechos Humanos. Soberanía. Acoplamiento Estructural.
SUMARIO: I. Introducción II. El Sistema Neoliberal Mexicano: Características y efectos en los Derechos Humanos. III Reformas Neoliberales de la Constitución: el acoplamiento estructural. IV. Conclusiones. V. Bibliografía.
[2] Periodo de la historia mexicana donde Porfirio Díaz concentro el poder ejecutivo en México (1830-1915) y se caracterizó por desarrollo industrial, inversión extranjera, modernización, pero con costes sociales y acciones represivas por parte del gobierno.

Friedman, Von Hayek y la escuela austriaca económica los gobiernos Americanos e Ingleses adoptaron las fórmulas de lo que se denominó neoliberalismo.

México en este tenor de ideas se vio influenciado por nuestro vecino del norte y de igual manera sustituyó el sistema ISI, por el sistema neoliberal, pero las causas de la imposición del segundo fueron los pretextos para desacreditar el primero. La crisis por la deuda de 1982, la caída del precio petrolero, y el error de 1994 terminaron de justificar las políticas de desregularización y apertura a mercados extranjeros dentro de México.[3] Las siguientes infografías muestra una evolución y las áreas donde entro el neoliberalismo:

Si bien esta transformación comenzó paulatinamente y por las causas ya mencionadas; es que el sistema neoliberal no se puede sostener y es considerado un fracaso, los indicadores así lo señalan; por ejemplo, durante el sistema ISI el PIB (producto interno bruno) más alto registro 6.41% anual, en cambio, el PIB registrado durante el sistema neoliberal registro 2.26% anual; y esto bajo un coste de la producción y competencia de la industria nacional, comenzamos abrir las puertas a las empresas trasnacionales y flexibilizar a la constitución mexicana más en su parte social. Sin embargo, tras todo esto debemos entender qué es el sistema liberal mexicano y que efectos ha tenido.

---

[3] Cooney, Paul. Dos décadas de Neoliberalismo en México, resultados y desafios. Centro Económico. Departamento de Economía. Universidad Federal de Pára. Brasil.

II. El Sistema Neoliberal Mexicano: Características y Efectos en los Derechos Humanos.

Tomaremos como base de nuestro análisis la visión y las características de clasificación de Cárdenas García.[4] El neoliberalismo es una ideología, una forma de gobernar y una política económica, la cual a su vez se basa en los puntos y ejes centrales del consenso de Washington el cual es considerado la cumbre de las políticas neoliberales; en dicho consenso se registran diez principios, resumiéndolos en lo siguiente:
- Disminuir el déficit presupuestario y evitar inflación Gasto público menor, desmantelamiento del estado benefactor
- Reducción del impuesto directo y aumentar la base tributaria indirecta. Tasas de interés impuestas por el mercado
- Criterio monetario unificado: Liberalizar el comercio mundial
- Proteger la inversión extranjera directa Privatización
- Facilitar la formación de empresas. Fortalecimiento de la propiedad privada

Estas son las medidas económicas, en el plano gubernamental se conformó a través de la globalización una preferencia por el estado transnacional geopolítico como las ONG'S y los bloques regionales políticos; a su vez se formaron grupos políticos integrados por tecnócratas y economistas afines a la escuela de Chicago.[5] Ideológicamente, se basan en programas de austeridad, la desigualdad

---

[4] García, Cárdenas. Características Jurídicas Neoliberalismo. Revista Mexicana de Derecho Constitucional. Número 32 enero-junio 2015. Cuestiones Constitucionales.
[5] Escuela económica de Milton Friedman conocida como Chicago Boys una escuela económica que creía en los postulados neoliberales.

individualista, flexibilización laboral y el poco respeto por el medio ambiente, los grupos débiles y, por supuesto, los vulnerables.

Jurídicamente, el neoliberalismo afín a la globalización y a la propiedad privada sin límites contó con los siguientes puntos:

•Fuentes ilegítimas del derecho.
•Fuentes externas supranacionales del sistema jurídico.
•Aumento del derecho privado, menos del público.
•Integración de la Soft Law a las constituciones y a la soberanía.
•Raíces Geopolíticas (países fuertes dominan a los débiles).
•Sistema jurídico y orden mundial a través de Tratados Internacionales.

Nuestro país ha entrado al sistema jurídico neoliberal, el cual ha tenido efectos nefastos para la soberanía nacional.

Los últimos seis sexenios han tratado de reformar el sistema jurídico mexicano hasta volverlo afín al neoliberalismo; destacan los acuerdos del TLCAN en 1994 en el gobierno de Salinas. El TLCAN desarrolla un mercado común para las trasnacionales, quedando vulnerada la industria nacional mexicana.

No es el único tratado que legisla a partir de un acuerdo entre jefes de estado, el Tratado Transpacífico, GATT y los bloques regionales como la OCDE, OEA e incluso el sistema regional de derechos humanos comparten las características de ser un soporte de Soft Law para modificar las decisiones judiciales y la legislación interna de cada país.

En el caso mexicano esté lugar, ocupa un análisis más detallado a la luz de la constitución. Desde la instauración del ASPA (Acuerdo para la seguridad y prosperidad de América del Norte) se han integrado reformas a la constitución de corte neoliberal; un caso excepcional son los acuerdos que sin tocar los mecanismos legislativos imponen políticas y normas.[6] Bajo este tenor de ideas las reformas estructurales del actual sexenio han sido la culminación del sistema neoliberal, no dudamos que las últimas puesto la insaciabilidad propia del sistema, pero por el momento las suficientes para analizarlas.

Las anteriores reformas han concluido en una serie de características propias de un sistema autocrático y neoliberal: concentran el poder del ejecutivo y promueven un populismo penal. Toman como fuente del derecho los tratados internacionales autocráticos ; como el ASPAN y la Iniciativa Mérida, desmantelamiento del Warfare State (Reforma al Seguro Social y al sistema de pensiones), la flexibilización laboral con las reformas laborales del 2012 y la legalización del outsourcing o subcontratación, por último puede instaurarse una factibilidad para aumentar el campo de los juicios arbitrales en contra del sistema judicial público; es decir una privatización del sistema judicial (la Convención de Nueva York).

Antes de analizar un caso más a fondo del sistema mexicano, podemos decir que el coste social no es económico, sino puramente social; es decir, el individuo neoliberal y más el mexicano se autoexplota, se diluye en una liquidez sin cohesión social, cohesión sentimental, cohesión incluso psicológica; lo anterior ha sido tratado en otros trabajos[7] y sólo se señala aquí como un ejemplo de cómo el neoliberalismo tiene un alto grado de violencia hacia el hombre.

---

[6] Es el caso de la Iniciativa Mérida; para mayor información "Iniciativa Mérida y la reproducción del Derecho Penal Mexicano" de Rangel Cortes, Manuel Víctor, Biblioteca Jurídicas de la UNAM.
[7] Braudrillard, Jean, La sociedad del Consumó Y Han Chul, Byung Psicopoder.

III. REFORMAS NEOLIBERALES DE LA CONSTITUCIÓN: EL ACOPLAMIENTO ESTRUCTURAL.

La posible sustitución de nuestro sistema jurídico romanista a un sistema jurídico anglosajón es algo inevitable, así lo atestiguan la apertura hacia los juicios orales; espero no lleguemos a la privatización del proceso judicial (como es el caso del arbitraje). Bien, en este orden de ideas se puede ver un acoplamiento estructural según Luhman y su teoría de sistemas, es decir, el sistema político, económico y jurídico están aumentando la interpenetración, complejidad y con esto también su recursividad.[8] Tomaremos como base el análisis del jurista Víctor Manuel Rangel Cortes sobre la reforma energética.[9] Los puntos a destacar frente a este análisis versan sobre las reformas a los artículos 25, 27 y 28 constitucionales para darle más poder al ejecutivo para manejar los hidrocarburos a favor de los mercados extranjeros, es decir, favorecer al sistema económico neoliberal. Dentro de este acoplamiento estructural, el estado mexicano está en la periferia (país débil) y los Estados unidos de América son el centro (país fuerte), el país fuerte obedece a un sistema determinado e impone normas a través de tratados internacionales y lo que nosotros queremos llamar tratados unilaterales internacionales.[10]

---

[8] A través de un código de comunicación, el sistema manda un mensaje al sistema y entorno o a un subsistema, teniendo como respuesta la recursividad.
[9] Cortes Rangel, Víctor Manuel. Reforma Energética. Revista Hechos y Derechos. Instituto de Investigaciones Jurídicas de la Universidad Autónoma de México. Número 17 ISSN 2448-4725.
[10] La definición es nuestra respetando algún concepto parecido. Son aquellos que no pasan por la aprobación del congreso, un caso de interpenetración asistémica.

Muchos llevan una lógica sistemática,[11] la cual se acopla en el sistema normativo mexicano, las normas como la de Seguridad Interior, La Ley Anti lavado, La Ley Federal de Extinción de Dominio, son un mensaje del derecho penal neoliberal, el cual criminaliza al sector obrero y pobre frente al sujeto con privilegios burgueses. Esto no hace más que crear una estructura totalitaria que vulnera totalmente los derechos humanos.

IV. CONCLUSIONES.

En primer lugar, quiero señalar que la relación entre el sistema jurídico y el político tiene un tinte geopolítico, esto es, que un país poderoso transmite su sistema al país más débil; en este caso, Los Estados Unidos de América transmitieron el neoliberalismo hacia México.

En segundo término, podeos afirmar que la soberanía del estado mexicano es nula, pues la creación de normas se hace mediante la jerarquía geopolítica, incluso a veces sin tocar los procedimientos oficiales de creación de normas. Para agregar las normas comparten características del neoliberalismo y con un sistema inclusión/exclusión.

El sistema jurídico termina justificando no solo el neoliberalismo doméstico sino en un acoplamiento estructural, el del país poderoso, y esto es muy grave hacia los derechos humanos, pues todo derecho reconocido o no está supeditado a un derecho invisible internacional que emplea principios nada éticos para legislar. En este campo de ideas deberíamos considerar no lo humano si no lo neoliberal de nuestro sistema.

---

[11] La iniciativa Mérida trajo consigo leyes de Seguridad Nacional, Ley federal de Extinción de dominio y Reformas penales; comparten características con el Derecho penal del enemigo de G. Jakobs.

BIBLIOGRAFÍA

Cooney, Paul, *Dos décadas de Neoliberalismo en México, resultados y desafíos. Centro Económico*, Departamento de Economía. Universidad Federal de Pára. Brasil.

Cortes Rangel, Víctor Manuel. *Reforma Energética*, Revista Hechos y Derechos. Instituto de Investigaciones Jurídicas de la Universidad Autónoma de México. Número 17 ISSN 2448-4725.

García, Cárdenas. *Características Jurídicas Neoliberalismo,* Revista Mexicana de Derecho Constitucional. Número 32 enero-junio 2015. Cuestiones Constitucionales.

Rangel Cortes, Manuel, Víctor *Iniciativa Mérida y la reproducción del Derecho Penal Mexicano*, Biblioteca Jurídicas de la UNAM, 2012.

IV. SISTEMA POLÍTICO MEXICANO AUTOCRÁTICO NEOLIBERAL[1]

I. INTRODUCCIÓN.

DÉSPOTA VIRTUOSO: No creo que pueda esperarse tener un déspota virtuoso, porque si hubiese un hombre virtuoso dejaría pronto de serlo.

Bertrand Russel

La Autocracia. El diccionario la define como:

Forma de gobierno encarnada en una sola persona. El término se usa para indicar una monarquía absoluta despótica...[2]

Bien, el término también se puede aplicar a las democracias, pues ciertamente en la democracia mexicana y el

---

[1] **Resumen:** En el siguiente análisis repasaremos el sistema político mexicano desde una naturaleza sistémica que obedece a una autocracia neoliberal y presidencialista. Para ello nos auxiliaremos de las teorías sociológicas de Nikklas Luhman. Señalaremos su sentido autocrático, su relación con el sistema jurídico mexicano y como ejerce esta autoridad absoluta.
Palabras clave: Sistema. Neoliberalismo. Derechos Humanos. Soberanía. Autocracia. Funcionalismo.
SUMARIO: *I. Introducción: la Autocracia Presidencialista II. Relación subordinada al Presidente: horizontal y vertical. III ¿Cómo es la actuación del Ejecutivo Federal hacia los derechos humanos y los demás Poderes de la Unión? IV. Bibliografía.*
[2] Grijalbo Gran Diccionario Enciclopédico Ilustrado.

presidencialismo de esta, se ha instaurado un sistema autocrático encarnado en el presidente de la República.

La anterior afirmación se sustentará entre las relaciones que tiene el Presidente de la República con los distintos poderes y su funcionamiento de estos dentro de un sistema neoliberal, en este punto resaltaremos los sistemas de justicia penal; sin embargo, antes de adelantarnos, tomaremos un espacio para ver cómo opera esté poder absoluto al más puro estilo del Rey Sol.

El poder del presidente de la república es un poder autocrático, en el cual concentra las funciones legislativas, ejecutivas y judiciales[3] esto respaldado por un sistema de normas, un Estado de Derecho. Esté sistema de normas le permiten al ejecutivo todas sus bastas funciones, empecemos desde la Constitución Política de los Estados Unidos Mexicanos;[4] sin embargo, existen funciones meta constitucionales o mejor dicho pseudo legales que le permiten el control total de las instituciones mexicanas.

Las tres formas donde se fomenta la autocracia presidencial es a través de: El presupuesto, la negociación política y las Normas Generales. El presupuesto y su control presidencial se entiende como una forma de coacción económica hacia los distintos poderes. La negociación política es una facultad extralegal que, sin estar dentro de una reforma legislativa o una función, puede introducir una ideología y política pública en algún sentido; por ejemplo, el pacto por México que contiene una serie de reglas y objetivos que deben acatar todos los Poderes de la Unión y las Entidades Federativas.

Ahora nos centraremos en la forma de autopoiesis que realiza la Presidencia desde las Normas Generales. Estas normas tienen las características de ser de competencia

---

[3] Cortes Rangel, Víctor Manuel. *Las Leyes Generales y su sentido autocrático.* El Mundo del Abogado ISSN 2007-3550. Núm. 185 septiembre 2014
[4] Todo el Capítulo III de la Carta Magna habla de sus funciones.

concurrente, inciden en el sistema jurídico de los estados y son fundantes, es decir, crean y operan una serie de instituciones. Tienen varios principios:

- Normas Fundantes.
- Imponen el sistema jurídico federal al estatal.
- Posesión de una parte orgánica.
- Determinan el presupuesto de varias áreas.

Un ejemplo de estas normas puede ser *La Ley General del Sistema Nacional de Seguridad, Ley Seguridad de Salud, Ley Anti lavado, Código Nacional de Procedimientos Penales,* entre otras. Ésta y otras formas son las que se utilizan para darle un poder casi omnipotente al poder ejecutivo, mediante estas normas impone su ideología principal.

Muchos han sido los teóricos críticos hacia este presidencialismo autocrático: Juan Linz, Giovanni Sartori, Jorge Valades, Manuel Aragón. Dichos críticos incluso se atreven a proponer figuras alternas de gobierno para regular esté autoritarismo mexicano; entre las figuras que proponen destaca la del parlamentarismo mixto, siempre con luces analizan que el sistema presidencial es un sistema débil e inflexible y que se puede llegar a dar una transición.[5]

Algo es cierto, desde el punto de vista crítico este sistema, debe evolucionar. Para finalizar esta introducción y entrar a clasificar las formas de poder del presidente y su relación con demás ambientes, expondremos esta grafica donde sintetizamos el poder de autocracia:

---

[5] Carpizo, Jorge. *México: ¿Sistema Presidencial o Parlamentario? p .56*

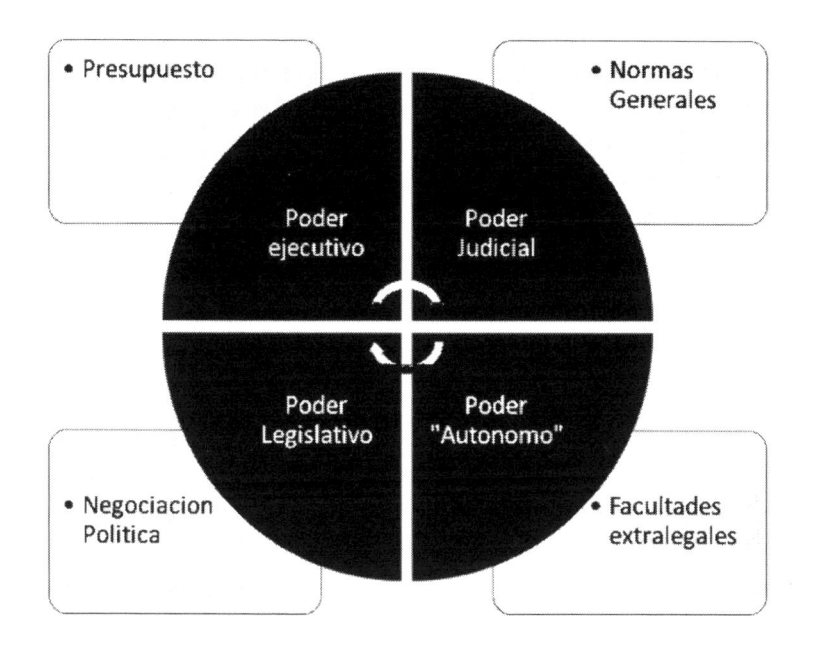

- Presupuesto
- Normas Generales

Poder ejecutivo | Poder Judicial
Poder Legislativo | Poder "Autonomo"

- Negociacion Politica
- Facultades extralegales

II. Relación subordinada al Presidente: horizontal y vertical.

Las Normas Generales son la definición, una creación del ejecutivo coaccionando al congreso con sus infinitos poderes de coacción —legales y extralegales— esto rompe el pacto federal, por lo tanto, estas normas no son ni democráticas ni federales, sino autocráticas y centralizadas.[6]

En este punto, en las Leyes Generales crean una subordinación vertical hacia el presidente; es decir, la subordinación de los niveles de gobierno hacia su persona, van de lo local hacia lo federal, reproduciendo su ideología. Como ejemplo tomemos dos casos, uno legal y el otro extralegal. El primero, la Ley General del Sistema Nacional de Seguridad Pública (y sus leyes periféricas, la Ley antisecuestro y la Ley de Tata de Personas), esta ley hace una réplica de

---

[6] Cortes, Rangel, Víctor Manuel. *La Constitución Política de los Estados Unidos Mexicanos, Las Leyes Generales y la Seguridad pública en México.* Nuevos Paradigmas FES Acatlán. p. 444.

legislación, principios y determinación de organismos en los distintos niveles de gobierno.[7] Otro punto importante es que reproduce la ideología del presidente, es decir la política pública, en este caso la política criminal, así la investigación que antecede al enjuiciamiento deja de ser autónoma para los estados y deben regirse por la ley general. Por si esto fuera poco, el poder judicial ya entro al acoplamiento estructural, puesto que en la resolución 36/2012 invalida a los congresos locales para establecer diferencias entre su propia legislación y la establecida por Leyes Generales.

Esta norma también desprende diferentes características propias: es orgánica, ya que crea instituciones y se traduce en una centralización totalitaria del poder, como por ejemplo "Secretariado Ejecutivo del Sistema Nacional de Seguridad Pública"; controla económicamente gracias al artículo 42 de la misma norma mediante fondos federales (FASP o el SEMUN).

El poder vertical también se traduce en la Constitución con una serie de funciones que el congreso tiene a su disposición, aquí tenemos que establecer la relación del presidente con el congreso:

- Lo controla si es el mismo partido que el titular de la presidencia.
- Lo controla al manejar el presupuesto.
- Lo controla mediante negociación política.
- Lo controla mediante sus iniciativas urgentes.
- Lo controla mediante el derecho de veto presidencial.

Como vemos tiene muchas ventajas sobre el congreso, es por ello que el congreso cada vez tiene más facultades, enumeramos algunas:[8]

---

[7] Ibídem p.457.
[8] Ibídem, p. 489.

Las relativas a la fracción XXIX-R artículo 73: leyes generales de la vivienda, aguas nacionales, financiamiento público (desaparición de esta función del municipio), leyes de participación ciudadana.

Las relativas a la fracción XXX-R artículo 73: concesiones al sector alimentario, operación de inmobiliarios, catastros municipales, procuraduría ciudadana de prevención y atención de quejas, protección animal, prevención de desaparición forzada, cambio climático, democracia participativa.

Las relativas a la fracción VII y su adición de la fracción VI, quitar la autonomía a los estados y al distrito federal.

En este caso debemos mencionar una función que da una garantía extra al poder despótico del presidente: la del comandante supremo de las fuerzas armadas, incluso ahora pretende desaparecer a los policías municipales para implementar un mando único (estatal) que estará a cargo de los gobernadores de los estados; sin embargo, estos dentro de la subordinación vertical, seguirán dando cuentas al presidente de la república.[9]

Por último, debemos aclarar que la subordinación de manera horizontal se refiere al acoplamiento estructural entre el poder ejecutivo, legislativo y judicial con subordinación al primero de los tres. Lo anterior con los mecanismos ya mencionados anteriormente. Debemos mencionar que los tratados internacionales son firmados por el presidente, aunque para que tengan efectos deben ser ratificados por el senado, este último no interpreta o cambia cláusulas, siendo el presidente de facto un legislador.

---

[9] Ibídem p.490.

III. ¿Cómo es la actuación del Ejecutivo Federal hacia los derechos humanos y los demás Poderes de la Unión?

A manera de conclusión, responderé a modo de hipótesis tres cuestionamientos que bajo mi percepción.

La relación del poder Ejecutivo Federal ante los derechos humanos. Bien, en este punto debemos entender que para mí el soberano no es el presidente, sino que es el representante legal de este último, y no me refiero al pueblo de México, artículo 39 constitucional, me refiero al sistema neoliberal; los dueños de la producción. Me auxilio en la teoría de sistemas de Nikklas Luhman donde el sistema político queda interpenetrado por el sistema económico.

Entonces es menester afirmar que los derechos humanos serán siempre los de primera generación y sólo para una cúpula empresarial, nos referimos a la libertad y la propiedad. No se reconocerá ningún otro derecho humano y sólo si la situación económica lo demanda para auto reproducirse, esto por definición ya no es un derecho humano, pero para efectos del análisis eso concluimos.

Las dos hipótesis que formularé me parecen muy simples de contestar, pero agregaré una explicación posterior, la actuación del poder legislativo ante los derechos humanos, es reconocer los reconocidos por el ejecutivo; y la relación de la Suprema Corte de Justicia ante los derechos humanos es reconocer los ya reconocidos por el ejecutivo o en su caso legitimar las violaciones mediante un código binario de legal/ilegal.

Lo anterior es lógico, ya que el presidente es un autócrata, esas funciones descansan en su persona, aunque teóricamente estén orientadas a otras instituciones.

No existe una solución fácil ni receta política para cambiar todo un sistema, sin embargo, podemos decir que un sistema bicéfalo dentro del ejecutivo revitalizaría la deformación autocrática dentro del sistema presidencial, así como la implementación de la democracia participativa y los órganos de revisión sin control presupuestal ni designación por vía ejecutiva.

IV. BIBLIOGRAFÍA

Carpizo, Jorge. *México: ¿Sistema Presidencial o Parlamentario?*

Cortes, Rangel, Víctor Manuel. *La Constitución Política de los Estados Unidos Mexicanos, Las Leyes Generales y la Seguridad pública en México.* Nuevos Paradigmas FES Acatlán.

Cortes, Rangel, Víctor Manuel. Las Leyes Generales y su sentido autocrático. El Mundo del Abogado. ISSN 2007-3550. Año 16 Número 185. Sept 2014.

V. GEORGE SOREL Y EL FASCISMO COMO MARXISMO RADICAL

George Sorel fue un pensador político, sindicalista y marxista ortodoxo francés, el cual básicamente tuvo una obra crítica. Sus principales obras fueron *Reflexiones en torno a la violencia*, *La Descomposición del Marxismo* y *La ilusión del progreso*.

Vivió una época donde las revoluciones y pensamientos rebeldes *Ilustración* y *Marxismo* perdían su contenido radical y se convertirían poco a poco en burguesía y afines al capitalismo.

Denunciaba a los Blanquistas, socialistas demócratas, de seducir a los obreros para ocupar puestos de Estado y en la política parlamentaria; Tradeunianos, sindicalistas moderados, de corromper la organización orgánica del sindicato en un dispositivo político prodemocrático; y Neo marxistas —marxistas después de Marx— de interpretar mal y *acompletar* la obra de Marx con fantasías utópicas y racionales lógicas, al más estilo cristiano.

Admiraba a Proudhon, al anarquismo y sobre todo a los movimientos antiliberales e irracionales de huelgas y violencia, veía la lucha de clases, como centro del marxismo y enfatizando en *lucha* para él, el obrero es el hombre heroico, heredero del militar antiguo que debe plasmar su energía en un acto violento que voluntariamente une a otras voluntades en un movimiento uniforme de corte paramilitar o sindicalista.

En Sorel, el marxismo iba en decadencia por la falta de sublimidad, o sea exceso de seguridad, parlamentarismo, diálogo y acuerdos en vez de huelga y lucha o apropiación de medios de producción de forma violenta. En la burguesía y en los modos burgueses, aparece la decadencia y no hay nada sublime.

La decadencia de las sociedades, sigue la de los hombres y la de las naciones, sin enemigos o enemigos blandos y simulados, no hay peligro, sin peligro, no hay sublimidad ni superación o mejora.

Sentenciaba, que el marxismo iba a desaparecer como forma, filosofía, método y política, esto, debido al aburguesamiento y el nuevo socialismo neo utópico: la socialdemocracia. Según Sorel, el marxismo volvería y reivindicaría hasta que los obreros quisieran pelear por una causa radical y justa a voluntad irracional.

Sorel, opina el marxismo de su época, o sea el demócrata como falso marxismo. Históricamente, es el Fascismo y Nacional Socialismo, quienes ocupan el lugar del marxismo real, son neo-marxismos reales vs. las formas descompuestas de marxismo: socialdemocracia y bolchevismo —sovietismo—.

Son decadentes por apelar a la igualdad y reparto en vez de mejora y ascendencia.

El marxismo Real es el fascismo.

VI. POPULISMO COMO CONTRAPESO DEMOCRÁTICO[1]

I. INTRODUCCIÓN

El populismo es un término actual que ha jugado un papel central en las ideologías de la segunda mitad del siglo XX. El auge por el tratamiento del populismo se debió a raíz del triunfo de Donald Trump en 2016 y la salida de la Unión Europeo del Reino Unido, así como el auge de nuevos nacionalismos como el chino, ruso y húngaro. El término populista posmoderno, el cual actualmente está politizado y es tratado por los analistas de las siguientes tres erróneas formas:

- Como estilo de hacer política o proselitismo más que una ideología política;
- Sinónimo de demagogia;
- Política oculta o light de los Fascismos históricos, y
- Toda ideología antidemocrática.

---

[1] **Resumen**: El presente ensayo mostrará las principales incongruencias del término actual de populismo, así como aclarar dicho término, para lo cual se servirá de un método inductivo científico documental a través de la doctrina, siendo esto una investigación doctrinal. Diferenciará al populismo de la democracia liberal y establecerá una definición para posteriormente realizar un nexo argumentativo de la importancia y legitimación del fenómeno populista. Se enunciarán los resultados y datos de los documentos doctrinales contemporáneos que se analizaron. El fenómeno populista se mostrará como un contrapeso necesario para el desarrollo y fortalecimiento de la democracia, sus conquistas y para los derechos humanos. Por último, se concluirá una síntesis del trabajo enunciando los puntos esenciales.
Sumario: I. Introducción II. Métodos III. Resultados: ¿Qué es el populismo? IV. Discusión: El populismo como contrapeso democrático V. Conclusiones VI. Referencias
Palabras clave: Democracia, Populismo, Historia, Derechos Humanos, Política.

Sin embargo, ningún autor se ha atrevido ahondar en su carácter democrático, iliberal o bien que es una reacción legitima al elitismo actual de la democracia, toda investigación respecto al populismo es para desacreditar políticamente a diversos actores. La hipótesis es que el populismo es un fenómeno político que surge de la dialéctica democrática, como forma de reacción más no de contradicción de esta. Es decir, el populismo está dentro de la lógica moderna de la democracia y forma parte crucial de esta para su desarrollo, es una especie de alarma, sombra o regulador que recuerda las obligaciones primigenias de la democracia: obtener el bien común y devolver el poder al pueblo.

En este contexto, la democracia actual está en una crisis cooptada por los poderes neoliberales del mercado y las redes financieras, las cuales han instaurado un régimen pseudo democrático tras la democracia liberal, volviéndose está en una forma de gobierno aristocrática elitista al servicio de los grupos globalistas y no del pueblo. Las consecuencias de este giro elitista han sido enormes desigualdades.

En este sentido, los defensores del libre mercado se han vuelto detractores del populismo y abonan a la confusión del término, confundiéndolo con lo antidemocrático, lo totalitario, lo fascista e incluso lo monárquico, lo cual ya es ridículo, pues pone énfasis en su carácter de subterfugio.

El presente ensayo argumentará sobre la naturaleza del populismo, pero no agotándolo a sus raíces históricas conceptuales, sino, ocupándolo como una propuesta de contrapeso democrático.

II. Métodos

El método del presente ensayo tendrá una estructura conforme al ciclo de investigación clásico, esto es, que ahondamos en un cuerpo de conocimientos disponibles, donde surge nuestro problema, realizamos una hipótesis —la ocurrencia intelectual— prevemos las consecuencias contrastables y estimamos la hipótesis con la evidencia disponible nuevo cuerpo de conocimiento, de donde se ahonden las investigaciones y ensayos sobre el Populismo como fenómeno político.

Se considera el formato modificado de Introducción, Métodos, Resultados y Discusión, por qué es el formato más cómodo a la lectura de carácter científico y objetivo, con las posibles licencias que esta objetividad se nos permite en la medida de lo posible.

Así, el carácter de nuestro ensayo sigue el método científico clásico de investigación, utilizará la evidencia documental y doctrinal para ahondar en la constatación de la hipótesis del trabajo. Entonces podemos concluir que el ensayo tiene un carácter doctrinal, formal y utilizara los métodos de constatación documentales. Pretende ser un ensayo alejado de la politización del término de *populismo* que como preveíamos en la hipótesis y de la cual nos aleja de la verdad doctrinal del término y no nos acerca al conocimiento (Aibar, et al., 2017, p. 35).

Para probar la hipótesis del ensayo, se escogió un conjunto de obras contemporáneas de mayor alcance, junto con algunos autores clásicos, como Hobbes, Maquiavelo, Montesquieu y Rosseau. Esto proporcionó una vista hacia el fenómeno del populismo, su etimología, historia y evolución, para saber en qué momento se confundió con el absolutismo, la democracia, con los fascismos, o bien es una rama de ellos, tal como lo muestra el estudio histórico de Alfredo Jalife Rahme "Nacionalismo contra Globalismo" (Jalife-Rahme, 2020), así como la ambiciosa obra de investigación de ideologías sociales de Peter Watson "Ideas" donde se hace hincapié en el historicismo y auge de los nacionalismos como fenómenos posmodernos (Watson, 2019, p. 1049).

De igual forma, se revisaron dos importantes campos culturales donde es útil ver la tendencia política del populismo: la estadística occidental y el derecho doctrinal actual.

Se refiere a la estadística occidental como las preferencias políticas y situación educativa y económica de las personas que votaron por políticas "populistas" para esto revisamos las cifras del estudio sobre el regreso del nacionalismo-populista de Roger Eatwell y Matthew Goodwin "Nacional-populismo", donde se revisan algunos índices del electorado que voto por Donald Trump y el Brexit, así como el perfil de los ciudadanos que apoyan partidos como el Frente Nacional de Francia o Alternativa por Alemania, partidos políticos tildados de populistas.

Con respecto al derecho, nos cuestionamos si las actuales teorías democráticas de los derechos humanos nos encaminaran a la emancipación liberal o reflejan solo la conducción del populismo actual, como las doctrinas del derecho penal "populista" o del enemigo (Obregón y Padilla, 2020).

La investigación nos brindaría una respuesta al término del populismo y su utilización política en el contexto actual donde la globalización está en decadencia y crisis, agravada por la actual contingencia pandémica del Covid-19.

El método inductivo, podría encasillarse como documental, estadístico y sociológico para determinar que nuestra hipótesis es correcta, la cual afirma que el populismo es inherente a la democracia y forma parte esencial de ella, siendo una institución más que una ideología o una reacción, la democracia debe sostenerse bajo contrapesos y evitar ser tiránica, el populismo es ese contrapeso.

III. Resultados: ¿Qué es el populismo?

El caos comienza con el logos y el lenguaje. El tratamiento al término populismo ha sufrido grandes transgresiones históricas debido a su uso peyorativo, parecido al que le acontece al término comunismo y fascismo. Según el prestigioso geopolítico Alfredo Jalife-Rahme, el término populismo/populista es un término polisémico que tiene varias acepciones, dependiendo de la región donde se hable, el idioma o incluso al campo que se aplique, pues existen populismos, en el campo político, social y económico, menciona que tradicionalmente se habla de un término que se define como una dicotomía en contra del globalismo, cuyas características se oponen a este último (Jalife-Rahme, 2020, p.12).

Jalife-Rahme aquí ya hace una denuncia que deslegitima al término populista, ya que argumenta que la mayoría de investigadores sociales tienen un prejuicio liberal contra el término (Jalife-Rahme, 2020:14, p.13). No es la primera vez que un término político se usa como subterfugio de la ideología liberal, el término totalitario tuvo ese uso a raíz de la caída del mundo de Berlín, el término totalitario se usó para relacionarse con los regímenes fascistas, nacionalsocialistas y soviéticos del siglo XX (Žižek, 2015, p. 12). Jalife-Rahme enuncia cinco características que los analistas liberales enuncian sobre el populismo (Jalife-Rahme, 2020, p. 14):

1. El populismo no forma parte de la política democrática moderna, es un género de patología de un sector de votantes. Jalife afirma que es una falacia y que el populismo es una especie de sombra de la democrática actual, que reacciona frente a las elites y desigualdad económica identificando como falso pueblo a dichas elites;

2. No cualquiera que critique a las elites es un populista. Existen muchas más ideologías que critican las elites, el

populismo está dentro de la práctica democrática-institucional, a diferencia de por ejemplo el fundamentalismo religioso o el terrorismo paramilitar;
3. Los populistas claman representar el bien común deseado por el pueblo. Esta es una falacia de generalización, todo político populista o no clama por el bien común;
4. Los populistas usan el refrendo como confirmación de lo que ya han determinado. Muchos Estados modernos usan el refrendo y demás instrumentos de democracia directa como Suiza, afirmar eso es como afirmar que Inglaterra es absolutismo solo por tener Monarquía ignorando al Parlamento, y
5. El populismo no es un correctivo a la democracia liberal, es su opuesto. El populismo está muy influenciado por el término de soberanía y los derechos fundamentales de cuarta generación, en todo caso es una evolución comunitaria de esta última, no su opuesto, como lo es el fundamentalismo religioso, el conservadurismo monárquico o el fascismo.

Jalife, concluye que el término populista ha sido contrastado con la lógica liberal política democrática, la cual tiene su origen en la Revolución Francesa de 1789 y que divide al espectro ideológico político en izquierdas y derechas, la división clásica está en desuso y ahora es mejor hablar de globalismo contra populismo, si se compara al populismo con la idea democrática liberal siempre parecerá autoritario, pero comparando la democracia global actual con cualquier ideología comunitaria está última parecerá irónicamente aristocrática y absolutista (Jalife-Rahme, 2020, p. 23).

El origen del populismo y de su confusión, es por su origen revolucionario y predecesor de las revoluciones socialistas del siglo XX. En la Rusia Zarista, en las décadas de 1860 y 1870 surgió el movimiento populista Naródniki (unidad del pueblo) cuyo ideólogo fue Alexander Herzen (padre del socialismo ruso y promotor del populismo agrario), al unísono del filósofo y sociólogo Pyotr Lavrov (Jalife-Rahme, 2020, p. 15). Luego de su marginalización en la década de 1880 se transmutó en Neonaródniki (neopopulistas) encabezados por Viktor Chernóv, quien después de la revolución de 1917, como fundador del Partido Socialista/Revolucionario ruso, fue ministro de agricultura, esta última sección del populismo era abiertamente leninista y ya nada tenía que ver con sus originales.

Tres décadas más tarde del surgimiento del primer partido populista en Rusia, se genera en Estados Unidos el People's Party (Partido del Pueblo o populista) se podría decir que esté populismo decimonónico, nace en el ambiente de izquierdas, donde es fundado en 1892 precedido por la Alianza de los Granjeros, el partido GreenBack y del Partido Sindical del Trabajo (Union Labor Party). Los tres líderes fundamentales del Partido Populista Americano fueron james Weaver, William Jennings Bryan y Thomas Watson, quienes ostentaban la ideología del agrarismo y el bimetalismo: el uso del "patrón plata", además del "patrón oro", para tener una política monetaria expansiva y menos elitista. El término actual de populismo fue acuñado en este contexto por los periodistas americanos basándose en los Naródniki rusos, ya que existían similitudes en su discurso y su base agraria. El Partido Populista americano se fundió con el demócrata y al final desapareció en 1873. (Jalife-Rahme, 2020, p. 16). El destino del término populista se usó para designar a personas parecidas a sus dirigentes y candidatos con discursos contra de elites; así resulta curioso que en pleno siglo XXI y en Estados Unidos los últimos candidatos (Donald Trump y Bernie Sanders) sean encasillados en dicho término (Jalife-Rahme, 2020, p. 16). El término populista es un término propuesto por los enemigos políticos de estos y no por antonomasia.

Otros autores parten en señalar al populismo como parte del nacionalismo extremo y fascismo, dicha tradición de identificar todo tipo de ideología diferente a la democracia liberal como totalitaria es una tradición de descrédito desde la Guerra Fría (Žižek, 2015, p. 12). Žižek (2015) afirma:

A lo largo de toda su trayectoria, el totalitarismo ha sido una noción ideológica que ha apuntalado la compleja operación de inhibir los radicales libres, de garantizar la hegemonía demo liberal; ha permitido descalificar la crítica de izquierda a la democracia liberal como el revés, el gemelo de las dictaduras fascistas de derechas. Y es inútil tratar de redimir el totalitarismo mediante su división en subcategorías (fascista y comunista). Desde el momento en que se acepta la noción de totalitarismo queda inserto en el horizonte democrático liberal. (p.13).

En efecto, la categoría ideológica de totalitarismo está siendo remplazada por la de populismo, y esto por una razón importante, el totalitarismo era una ideología extrema, violenta y antidemocrática, que pretendía en los albores de la modernidad rehacer la sociedad bajo un yugo estatal y de caudillaje basado en la cultura o raza (Chevallier, 1962, p. 419). Por su parte, el populismo compite de forma democrática y no pretende hacer una revolución ni desintegrar las instituciones liberales, sino simplemente denunciar algunas irregularidades de las minorías tecnócratas para resolver demandas populares de mayorías o grupos vulnerables (Eatwell, 2019, p. 189).

Incluso hay estudios donde claramente se muestra al populismo con orígenes en las monarquías absolutas ilustradas, como las tradiciones de Hobbes y Maquiavelo (Chevallier, 1962, p. 414) lo cual sólo se desacredita por que el populismo forma parte de la democracia en crisis, viene a ser una modificación necesaria, un recordatorio de que las elites y ciudadanos de clases altas están siendo demasiado jerarcas con la población de clase media y baja (Eatwell, 2019, p. 201). El historiador Peter Watson denomina directamente que el nacionalismo surge en un contexto progermánico, y que es una patología de venganza alemana contra los imperios occidentales como Francia y Gran Bretaña (Watson, 2019, p. 1056), en suma, menciona que el nacionalsocialismo, antisemitismo, racismo y nacionalismo es lo mismo, así como todas las ideologías parecidas o que deriven de un sentimiento comunitario, ya que ésta es la característica principal de los nacionalismos y los populismos.

Entonces, si la tradición liberal —que es la más abundante— está errada en cuanto al tratamiento del término y características del populismo, cómo podemos identificarlo, esta cuestión sería tratada en trabajos más serios, un ejemplo de esto es el del historiador Federico Finchelstein, quien fue el primero en separar los términos de fascismo y populismo, aun viendo puntos en común, pero dando una identidad propia al populismo, aunque con prejuicios, el Finchelstein (2018), menciona que:

El populismo es una forma de democracia autoritaria que originalmente surgió como una reformulación de posguerra del fascismo. Antes del final del fascismo habían surgido algunas ideologías y movimientos pre-populistas, precoces en países tan distintos como Francia, Rusia y Estados Unidos, pero el contexto era completamente diferente y nunca habían llegado al poder. El populismo recién se convirtió en un régimen con la retirada del fascismo del escenario mundial. Fue un punto de inflexión histórico, como lo habían sido los regímenes de Hitler y Mussolini. Antes de asumir la forma de régimen, el fascismo también había sido un mero movimiento de protesta, más que un camino exitoso hacia el poder. (p.115).

Aunque Finchelstein retrata al populismo como heredero del fascismo/nazismo, es interesante que plantea dos cosas sobre el fenómeno político populista; la primera, que está dentro de la democracia, y la segunda, que lo limita como solo un estilo para llegar al poder. Ya en la antigua Grecia Aristóteles distinguía entre las formas de gobierno puras e impuras (Aristóteles, 1985, 45), mencionando que la Democracia es la forma de poder pura del pueblo, mientras que la demagogia es la forma impura de la democracia, aquí haya que hacer un énfasis y es que las formas impuras de gobierno es cuando los gobernantes caen en vicios y se alejan de la virtud (Aristóteles, 1985, 51). Sin embargo, el término de demagogia se ha utilizado para designar un estilo mentiroso y manipulador hacia las masas para llegar al poder, en último lugar, se ha identificado erróneamente la demagogia como sinónimo de populismo (Finchelstein, 2018, p. 116).

En este tenor de ideas, si el populismo no es un fascismo contemporáneo, es más, es una forma de democracia, pero difiere a la democracia actual, pero no es un estilo ni una deformación manipuladora, entonces que tipo de democracia es, la respuesta más cercana la da el estudio más próximo, el de los politólogos Roger Eatwell y Matthew Goodwin.

Eatwell y Goodwin afirman que el populismo actual reivindica el nacionalismo, pero no es xenófobo ni racista, al menos en su núcleo político no lo es, (son algunos grupos y seguidores racistas los que se identifican con su discurso no al revés), de igual forma el nacional populismo es una democracia de contrapesos, de emergencia que quiere rescatar las formas de democracia directa para resolver los problemas de las mayorías, dignificar la igualdad económica y señalar las incongruencias elitistas y de tinte aristocrático de las democracias clásicas actuales, como son los políticos profesionales, los privilegios de altos burócratas, la falta de consulta al pueblo y los excesos de la globalización (Eatwell, 2019, p. 211). El populismo no pretende de ninguna manera derribar las instituciones democráticas, establecer una autocracia, realizar políticas de violencia militar, segregar la población por su origen racial y mucho menos es una política identitaria de una cultura, sino que descansa en la tradición democrática occidental (Eatwell, 2019, p. 350).

Los nacional populistas dan prioridad a la cultura y los intereses de la nación (colectivos tradicionales), prometen dar voz a quienes sienten que las elites, a menudo corruptas y distantes, los han abandonado o despreciado. Los votantes de los nacional populistas quieren más democracia, no menos, de hecho, el populismo es una radicalización de la democracia, más referéndums y más políticos comprensivos, otorgar más poder a los ciudadanos y órganos colegiados, menos a las elites políticas y entes internacionales (Eatwell, 2019, p. 160). De hecho, sus demandas son legítimas e incluso constitucionales, ya que la Constitución Mexicana consagra, esté derecho en su artículo 39, el cual menciona: "La soberanía nacional reside esencial y originariamente en el pueblo. Todo poder público dimana del pueblo y se instituye para beneficio de este. El pueblo tiene en todo tiempo el inalienable derecho de alterar o modificar la forma de su gobierno". Visto de esa forma el populismo no es más que la aplicación del artículo 39.

Para concluir podemos enunciar las siguientes características del populismo:
1. Lejos de ser antidemocrático, es una forma de repensar las deficiencias y fallos de la democracia actual, es una forma de hiperdemocracia, formando un contrapeso para que ésta última reformule sus políticas y formas elitistas hacia el pueblo;
2. Surge de la desconfianza hacia los políticos e instituciones y ha alimentado la sensación entre numerosos ciudadanos de que no tienen voz en el debate nacional;

3. Se alimenta de los temores y excesos a la globalización, la destrucción y modificación radical de las tradiciones y costumbres populares, modos de vida establecidos y valores identitarios;
4. Se plantea la enorme desigualdad económica que trae consigo la globalización, una privación de privilegios entre las clases medias a las clases altas, y a su vez de miseria y sobrevivencia entre las clases medias bajas y bajas, y
5. Se nutre y fortalece por el debilitamiento entre los partidos mayoritarios o clásicos liberales y el pueblo o las mayorías, las cuales sienten una especie de desalineamiento con sus representantes, consecuencia de todo lo anterior dicho.

En suma, podremos definir el populismo como la ideología democrática directa emergente en momentos de crisis política que se caracteriza por una antiglobalización, es decir, oposición, el libre mercado, la apertura de fronteras, reducción del gasto público, la enorme desigualdad social y sobre todo a la elite de políticos profesionales.

Muy a diferencia del fascismo y nacionalismo xenófobo, el cual se puede resumir en las siguientes características, las cuales sintetizo de forma magistral Umberto Eco (1995):

El culto a la tradición; El rechazo a lo moderno; El culto a la acción por la acción; El desacuerdo experimentado como traición; El miedo racista a la diferencia; La apelación constante a la frustración social para movilizar; La obsesión con una conspiración; Los enemigos son construidos al mismo tiempo como fuertes y débiles; El rechazo del pacifismo como una forma de comercio del enemigo; 10. El desprecio por los débiles hacia formas de elitismo; El heroísmo es una norma y en este culto al héroe hay un culto a la muerte; El machismo como manifestación del armamento acompañado de la misoginia y la homofobia; Un populismo "selectivo"; Habla una especie de neo lengua: un vocabulario empobrecido y una sintaxis elemental para impedir el razonamiento complejo y crítico. (p.15).

Como se puede observar, el populismo aquí descrito no tiene ninguna de esas características, de hecho, se enunciará punto por punto la no vinculación del UR-fascismo con el populismo actual. No es una ideología antimoderna, de hecho es un proyecto en los albores del posmodernismo como lo es la segunda década del siglo XXI, no tiene una cultura de acción, sino de consenso, no existe un léxico de traición o amenazante, el miedo no es por racismo, sino por motivos sociales y económicos más que raciales (Eatwell, 2019, p. 2774), la frustración social si bien es cierto es un componente de su discurso también lo es de todo partido de oposición y dicha frustración está justificada con la incipiente desigualdad actual (Eatwell, 2019, p. 3374), el nacional populismo si bien es cierto apela a una elite, no lo hace mediante conspiraciones ni planes ocultos, sino que apela a las prácticas elitistas a la vista del público comprobables (Eatwell, 2019, p. 3398), el populismo actual no tiene ningún culto a la muerte, de hecho su simbología es muy parecida a cualquier partido, muchos partidos populistas de Europa constituyen una oposición al islamismo y la pérdida de derechos de la mujer y de diversidad sexual si ésta ola inmigrante llega a culturalizar Europa, por lo tanto, partidos como El Frente Nacional de Marine Le Pen es abiertamente pro-derechos de la mujer, así que no es un núcleo machista retrógrado (Eatwell, 2019, p. 2869), el uso de las mayorías y de la gran masa del pueblo son prácticas que definen al populismo moderno, éste es el único punto relacionado con los fascismos históricos, pero sus objetivos están dentro de un marco de legalidad y constitucionalidad, en cuanto a los usos de la neo lengua se ha demostrado aquí y como veremos a continuación que los críticos del populismo tienen más tendencias a torcer el lenguaje y términos para encasillarlo todo en un subterfugio que de legitimación a la democracia liberal y tachando de enemigo a todo concepto fuera de esta (Eatwell, 2019, p. 2909).

A su vez, la democracia liberal, si sigue estas confusiones teóricas, suena de forma muy marcada a lo que los críticos del fascismo y responsables de su confusión, pensaban que era, como Foucault, que menciona los elementos del fascismo abstractos como al tratar la doctrina, los fascistas son ascetas políticos, los militantes sombríos, los terroristas de la teoría, los que querrían preservar el orden puro de la política y del discurso político. Los burócratas de la revolución y los funcionarios de la Verdad. (Foucault, 1994, p. 2).

Las evidencias muestran resultados favorables a la hipótesis. Nos muestran que el populismo no es un estilo de gobernar, ni retrae a la demagogia antigua, ni mucho menos es la herencia de los fascismos históricos, está de más señalar que tampoco es una ideología reaccionaria fundamentalista absolutista. Sin embargo, las anteriores aclaraciones no se agotan en un intento de legitimación del Nacional-Populismo ni pretenden señalar que sea una superación de la democracia liberal, sino más bien que se complementa a esta y es un llamado a que la democracia moderada se autorregule y mantenga la estabilidad sin caer en su forma viciosa, nos referimos a la aristocracia elitista que actualmente se cierne con base en la globalización.

IV. Discusión: El populismo como contrapeso democrático

La democracia actual ha caído en una crisis, cuyos caracteres comunes son las críticas al elitismo de las clases altas, la desigualdad social, la destrucción de identidades, la desconfianza en la clase política, y el distanciamiento de los políticos del pueblo. La democracia liberal surge originalmente como oposición a la nobleza, zares y grandes ricos, llevando a si una revolución que ahora conocemos como modernidad. Que el Populismo surja en momentos de crisis económicas causadas por los mercados financieros es una señal que surja en el contexto donde si bien no hay reyes absolutos, existen desigualdades importantes y cuyo todo tipo de reacción es legítima, siempre y cuando esta tenga la naturaleza de dignidad humana que caracteriza a la democracia.

Sin embargo, la democracia actual se ha alejado de su propósito principal, esto es, dotar de poder al pueblo, a la comunidad, a la gran masa bajo principios éticos, no a entes artificiales y abstractos como el mercado (Eatwell, 2019, p. 3228). El juego del lenguaje es perverso y que el populismo no sea una forma antidemocrática, no quiere decir que sea la alternativa que pueda menoscabar la sustancia real de la democracia, es decir, los derechos humanos (Levi, 2020, p. 2) el populismo puede llegar a penetrar las mismas instituciones democráticas y degenerar la esencia del Estado mismo, trayendo consigo legitimación y deslegitimación a lo que le funcione al sistema social completamente, esto se le denomina funcionalismo jurídico (Levi, 2020, p. 64). Pero el valor de dichos riesgos al radicalizarse la democracia (en su forma de populismo y funcionalismo jurídico) es que sirven de recordatorio y de contrapeso no contradictorio a la democracia.

Históricamente, la democracia liberal capitalista tuvo su máximo némesis dialéctico durante la Guerra Fría, se trataba de un totalitarismo, el comunismo soviético, sin embargo, éste decayó y con instrumentos como el Estado de bienestar, la teoría de Keynes, así como el aseguramiento de los derechos individuales trajeron consigo una preferencia casi generacional sobre el comunismo. No obstante, el

Consenso de Washington y el neoliberalismo lograron convertir en elites a las comunidades gubernamentales democráticas en occidente, al ser el Comunismo una vía incorrecta, pues destruiría toda esencia democrática, la vía para regresar a una democracia protectora y social es la aparición inevitable del populismo (Eatwell, 2019, p. 3445).

En México, para contextualizar la presente argumentación y ejemplificar los efectos devastadores de la crisis de la democracia y sus flaquezas, ya se han determinado normas que van en contra y debilitan los derechos humanos, tal como la Ley Nacional de Extinción de Dominio, donde se hace uso de un derecho punitivo que adelanta el estadio de la punitividad, dicho derecho penal ha sido denominado Derecho Penal del Enemigo y esté es uno de los efectos políticos indeseables del populismo, cuya causa de su aparición es la omisión de la democracia en atender a la masa mayoritaria del pueblo.

Para abonar al contexto, la Ley Nacional de Extinción de Dominio, es una norma por la cual el Estado puede extinguir el dominio de propiedad sobre bienes de un indiciado a proceso penal, sobre ciertos delitos, éste sin que exista sentencia condenatoria y en un juicio separado de naturaleza civil. Lo cual constituye una relativización de los derechos humanos y tiene dos efectos: acrecienta la desconfianza en la democracia y termina socavándose la dignidad humana frente al elitismo de mercado mercantilista. En la teoría crítica del derecho penal, esto ha sido denominado como una tecnología de poder que refina la dominación y el miedo en la sociedad para deslegitimar toda oposición (Sandoval, 2012, p. 128). Lo anterior irónicamente es justamente lo opuesto a toda democracia y sí que se anula trayendo consigo el fascismo total de Umberto Eco.

En este orden de ideas, muchos autores hacen suyo el pesimismo frente a la democracia, concluyendo que nunca ha existido el progreso, que no existe una modernidad basada en la dignidad humana y en la moderación del poder (Valdecantos, 2015, p. 200).

De lo anterior se afirma la importancia del populismo como reconocimiento legítimo de que algo anda mal en la democracia liberal, que ha tenido excesos y que las políticas económicas no benefician a la mayoría, y contra cualquier tiranía están tienden a levantarse y ser más fuertes que la opresión, es por ello que para no repetir enfrentamientos de guerras totales como en el siglo XX debemos ser holísticos con los discursos y prever en ellos la utilidad democrática que desprenden, al fin de cuentas, el populismo no es un reto para la democracia, sino una conciencia intrínseca, está, es en suma, un contrapeso democrático.

V. CONCLUSIONES

En primer lugar, debemos señalar que la democracia actual ha tenido una crisis desde los años ochenta, o bien, desde su adopción al neoliberalismo y el alcance de la globalización, esta crisis la ha alejado de su principal esencia, que es resguardar el poder del pueblo y la dignidad humana. Pues esta desviación de lo democrático ha causado una desigualdad económica muy grave, desintegración de las identidades culturales, y ha abierto una brecha de desconfianza entre el pueblo y la clase política.

En segundo sitio, como reacción a esta crisis, ha aparecido una forma radical de democracia denominada populismo, la cual tiene como características principales el uso de mecanismos democráticos directos, la crítica a las elites y al libre mercado, la apropiación de términos culturales autóctonos y el uso de Nación como comunidad ética frente al individuo liberal. Cabe señalar que el populismo no tiene ni pretende remplazar a la democracia ni destruir las instituciones libres, ni mucho menos está relacionado con absolutismos, fundamentalismos religiosos ni fascismos o nacionalismos xenófobos. El populismo es solo una radicalización ante la crisis de la democracia.

En tercer lugar, el populismo no es una vía total ni absoluta que deba mantenerse en el tiempo, pero tampoco es un fenómeno que debemos de ignorar o descalificar, el populismo puede servir de ancla o de contrapeso democrático, pues es la naturaleza de la democracia contar con contrapesos. El populismo, lejos de ser una oposición, es una especie de sombra o conciencia de la democracia que funge como medidor de su virtud moderada y evita irse a los extremos.

Por último, la democracia no debe avanzar ni retroceder en sus conquistas como son los derechos humanos, (los cuales ya están flaqueando o relativizándose en este contexto) lo que debe atender la democracia haciendo un uso legítimo de las demandas populistas es afrontar las desigualdades y excesos del neoliberalismo y globalización, darle su lugar al pueblo común, a las grandes masas y por último proteger la dignidad humana de las personas más que los mercados o entes abstractos, debe hacer uso de sus contrapesos democráticos, donde ha quedado argumentado el populismo es uno de ellos.

Referencias

Aristóteles. (1985). La Política. (P. S. Abril, Trad.) Madrid, España: Ediciones Nuestra Raza.

Chevallier, J.-J. (1962). Los Grandes Textos Políticos, desde Maquiavelo a nuestros días. Madrid, España: Aguilar.

Finchelstein, F. (2018). Del Fascismo al Populismo en la Historia. Buenos Aires, Argentina: Taurus.

Foucault, M. (1994). El Anti-Edipo Introducción a la vida no Fascista. Buenos Aires, Argentina: Zona Erógena.

Gonzalo Levi Obregón Salinas, L. X. (2020). Los Derechos Humanos del Derecho Penal del Enemigo (1ª edición ed.). Ciudad de México, México: Thomson Reuters.

Jalife-Rahme, A. (2020). Nacionalismo contra Globalismo Dicotomía del Siglo XXI antes de la inteligencia artificial. México: Orfila.

Julio Aibar, F. C. (2017). El Helicoide de la Investigación: metodología en tesis de ciencias sociales. Ciudad de México, México: FLACSO México.

Roger Eatwell, M. G. (2019). Nacionalpopulismo, Porqué está triunfando y de qué forma es un reto para la democracia. Barcelona, España: Ediciones Península.

Sandoval, A. S. (2012). Epistemologías y sociología jurídica del poder. Ciudad de México, México: UNAM Acatlán.

Valdecantos, A. (2015). Teoría del súbdito. Barcelona, España: Herder.

Watson, P. (2019). Ideas, Historia Intelectual de la Humanidad. (L. Noriega, Trad.) Barcelona, España: Paidós.

Žižek, S. (2015). ¿Quién dijo Totalitarismo? Cinco intervenciones sobre el (mal)uso de una noción. (A. G. Cuspinera, Trad.) Madrid, España: Pre-Textos.

VII. EL ANTISÍSIFO

¿Acaso la vida es cargar una piedra eternamente? ¿Es realizar una tarea repetida infinito número de veces? El problema que tengo con el Sísifo de Camus, es el mismo problema que tiene la humanidad: el desencanto del mundo y el "rompimiento de las cadenas del ser", desde el fatídico cambio de paradigma racional, me refiero a la tríada de la modernidad: el Descubrimiento de América 1492; la Revolución Francesa 1789, y la Revolución Industrial 1760-1840.

El desencanto del mundo[1], surge por el choque de la razón *iluminada* el ateísmo enajenado, la democracia totalitaria y por supuesto el olvido de las morales de dios, o con palabras de Nietzsche *la muerte de dios* y como aún no ha aparecido el Superhombre, debemos resignarnos a nuestras vacías, depresivas y aburridas vidas de *últimos hombres*[2] No cabe duda entre más se piensa menos se vive.

El mundo prerrevolucionario y pre-liberal convivía con una tradición comunitaria de solidaridad pagana y posterior cristiana, una época donde hubo un desarrollo aristocrático corporativo que después rescataría el fascismo, la última gran teoría política sensata y humana, pero esto se perdió en el abismo y en el absurdo. El cuerpo, en cambio, se degeneró en una mezcla de culturas y razas degeneradas incompatibles.[3] ¿Cuál es el origen de estas calamidades?

---

[1] Al respecto, *véase* Brassier Ray, *Nihil Desatado*, España, Materia Oscura, 2019.
[2] Nietzsche, daba categoría de últimos hombres, a la generación de la modernidad marcada por su única ansia de vivir por vivir, incapaz de sacrificar algo, encontrar algo sagrado, débiles, inferiores, racionales y moralistas.
[3] Tan solo con observar la América mestiza y sus habitantes estúpidos, ignorantes, ilusorios y melancólicos es más que suficiente. Al respecto, *véase* Bartra Roger, *La Jaula de la Melancolía*, México, Fondo de Cultura Económica, 2012.

Sin duda la manipulación política judeocristiana a favor de una teoría sofista como lo es el liberalismo.

Aunque me gustaría añadir y refutar el liberalismo, sobre todo el cientificista y racionalista ateo, no quiero desconcentrar la crítica al Sísifo de Camus y su teoría del absurdo como final o explicación de la vida. Siguiendo con la anterior idea, el Sísifo de Camus es peligroso y vanidoso al establecer como dogma el vacío y el nihilismo negativo.

Como menciona Brassier en sus teorías sobre el nihilismo, que no debe observarse como un orden de explicación al universo más, sino que debería ser un límite a la vanidad humana y la aceptación o resignación que existe un orden más allá de nuestro entendimiento y lo más probable, indiferente a nuestra existencia. El nihilismo es una oportunidad de reinventar el significado; la verdad;[4] el valor; el deseo y la intención, no una resignación cómoda de seres inferiores, pacíficos y endebles.[5]

A mi parecer, el origen de este absurdo, nihilismo y absurdísimo es la misma consecuencia del anarquismo espiritual de Camus: la falta de disciplina, amor por la vida, pasión, irracionalidad y poder en su espíritu. En efecto, el individualismo propio de la modernidad arroja al sujeto a una vida con falta de identidad, enemigos y significados, paradójicamente más ciencia es menos vida, más verdad y más reflexión trae menos acción, sólo los débiles, judíos, sensibles y afeminados, les gusta una vida así.

El poder es la razón, poder como estabilidad propia de sí mismo, como menciona Hegel. Un jerarca del espíritu es un anti-Sísifo. Déjenme proponer una visión antro-

---

[4] Por mucho que a los probablemente homosexuales racionales les duela que nadie siga su verdad.

[5] En este punto coincido con el nihilismo positivo o vitalismo de Nietzsche, así como el futurismo de Marinetti.

potécnica de Sísifo traída de la filosofía alemana (como si hubiera otra) de Peter Sloterdijk.[6]

La antropotécnica es la mejora del hombre por el hombre mismo, la filosofía, el arte, la educación, la literatura y la política que mejore al hombre en su adiestramiento, es antropotécnica, positivo o negativo depende en que lo mejorara. En un principio, la antropotécnica ayuda al hombre a sobrevivir contra la naturaleza, ese es el imperativo, hacer al hombre libre de la tiranía de su propia biología. Así que el transhumanismo y mejora técnica corporal del hombre entra aquí. La antropotécnica es progresista y anti-cómoda, la antropotécnica es revolucionaria y no es conservadora, es optimista y no descansa.

La forma más sencilla de antropotécnica es el entrenamiento, el ejercicio, es decir, la repetición mecánica de una acción, la cual mejora con la misma repetición, así el hombre deviene en un ser técnico de alto rendimiento.

En este punto, la respuesta a las preguntas iniciales es: si, la vida es una repetición constante de tareas y de acciones, pero es parte de la virtud y del placer, quien no encuentre placer en el movimiento estará sentenciado al pecado de la pereza y del abismo y entonces si nos haría un favor en suicidándose, aunque la mayoría prefiere la otra salida de Camus: el fanatismo o mejor dicho el consumismo incesante y vicioso de la modernidad.

Propongo una visión superior, ascendente y alta de Sísifo, no la de Camus, como un personaje trágico y triste, sino como la de un atleta de las alturas, el mejor cargador de piedras que disfruta de su tarea. Camus, si bien no prescribe un camino forzoso, también es parte de un virus decadente llamado nihilismo que marco su filosofía junto con la de Sartre, consecuencia de muchos suicidios y de esa visión *débil* de la vida de la modernidad. Camus es cómodo

---

[6] Al respecto, *véase* Sloterdijk Peter, *Has de Cambiar tu vida*, España, Pretextos, 1980.

a los poderes judaicos que gobiernan la industria de consumo y capitalista, por esas razones me agradaría ver el mito de Sísifo quemándose junto con otros libros por seres ejercitantes en marchas públicas.

VIII. Hacia la NRX

Parte Uno: Excurso necesario contra el orden posmoderno

La historia va así: a partir de 1968 el mundo liberal mutó a una radicalización de libertinaje e igualdad sin precedentes, la mayoría de movimientos políticos reaccionaban ante el conservadurismo con una violencia y organización nunca antes vistos, el mayo francés del 68 es una prueba de ello. Dicho levantamiento quiso rimar a la mítica revolución de 1789, pero ahora querían derrumbar el orden burgués. Las propuestas no eran claras, pues tampoco abogaban por un orden socialista, lo que querían era un aburguesamiento reformado, intolerante, de pensamiento único y de igualdad con las disidencias, drogadictas, sexuales, políticas, raciales y feministas. En esta época es donde toda oposición al liberalismo es metida en la misma bolsa, siguiendo al pie de la letra al Maestro Goebbels, aquí todo lo que no sea liberal, o es fascista, o es reaccionario, sin matices, ésto será importante después.

Para este excurso rescataré a unos de muchos arquitectos del orden posmoderno: La obra y actividad de Michael Hardt y Antonio Negri. Estos autores tienen su cenit con su obra "Imperio" y con su continuación "Multitud", en esta última la tesis es la siguiente: el fin del proyecto posmoderno o "emancipador" es una sociedad global democrática, abierta e inclusiva, de libertad e igualdad. Es un Proyecto porque es a futuro sin metas claras.

Por otro lado, el principal enemigo de este orden es la guerra y su aliado es la paz, la globalización armada se contrapone con la globalización de paz y democracia, el proyecto posmoderno es la ultra-democracia, cabe mencionar que la ausencia de conflicto y la paz perpetua traen consigo acomodamiento y totalitarismo. Este orden global, democrático, debe ser un orden común, es decir, comunista.

El enemigo de este orden, Negri y Hardt lo conceptualizan como el "Imperio" el cual es un ente que gobierna con base a su lógica y se mantiene de forma perpetua, en palabras de los autores: "El único camino es el orden global de redes de poderes, conformado por instituciones, capitalismo y extensiones de soberanía transnacional, no soberanía nacional sobre extranjeros" esté es el imperio, un orden violento frente al orden bueno.

¿Cuál es el orden bueno? Negri y Hardt construyen una categoría, proyecto y concepto contrario al Imperio, el cual es la "Multitud" según ellos, es la otra cara de la globalización, la red interconectada de coincidencias y del vivir usual de las masas horizontales. Esto es una pesadilla, la masa vulgar, común, uniforme, amorfa, obesa y sin definición ni individuos, es propio de las razas inferiores y de personas degeneradas, feas o enfermas, en suma, el hombre masa de Ortega y Gasset.

Según Negri y Hardt, la multitud tiene las siguientes características:

1. Económica: pues produce y reproduce ideas "comunes" conocimientos aplicados al trabajo y al dinero, y
2. Político-Liberal: reivindica ideas contestatarias de minorías y tiende a la rebelión.

La multitud, según los autores, son el grupo de creadores o productores de bienes inmateriales económicos rebeldes, es decir, autómatas, *influencers* e incluso esclavos, pero ellos le dicen la "nueva clase global" más allá de la burguesía, de la nobleza y del proletariado. La nueva clase global remplaza a la burguesía.

Estas ideas han tenido su aprovechamiento para el bien, por ejemplo, con Peter Sloterdijk, que en su ensayo "Normas para el parque humano" habla abiertamente del posthumanismo con propuestas como especialidad jurídica y discriminación positiva extendida y garante con personas con discapacidades con enfermedades a través de la educación especializada y eutanasia positiva; La clonación y diseño genético, como forma de liberación de la mujer de la opresión obstétrica y reproductiva; La liberación de la explotación de la naturaleza a través de la digitalización y clonación, carne de diseño tanto sintética como humana o pastoril, entre otros proyectos.

El principal contraargumento hacia los posmodernos Hardt y Negri, se enmarca en una visión dinámica, real y heraclitiana de la historia, tal como Mussolini define: "La lucha es el origen de todo porque la vida está llena de contrastes, el día en que no exista la lucha será un día de tristeza, ya que será el fin, la ruina". En este orden de ideas, Nick Land, arguye que la conservación del ser va contra el celo del tiempo, pues: "El tiempo es el celo suicida de Dios, del que cada ser, incluso el más elevado-debe ser víctima. Es, pues, el océano último de la inmanencia del que nada puede separarse y en el que todo se pierde irremediablemente" En suma, cuando menciona "Como destructor, el universo es el tiempo y como lo destruido, la naturaleza". En suma, científicamente todo se pierde y destruye, se transforma.

Land, propone la categoría de "sincronización" para nombrar toda resistencia a esta verdad absoluta, la sincronización "es el esfuerzo de detener el flujo del tiempo" es decir, detener la destrucción. Por medio del Eón (como medida más grande de tiempo) es un registro donde detentar toda acción de una "civilización". La sincronización reduce el poder de la inmanencia, es un refugio, una catedral.

De ahí que la muerte no sea extrínseca sino inherentemente asincrónica.

Para terminar este apartado, mencionamos que, del lado de la aniquilación y la lucha, se puede rastrear desde los socinianos, seguidores del cristiano Fausto Socino, el cual es considerado herético por el simple hecho de poner en duda la idea de alma inmortal y de preferir la función destructiva de Dios, dando origen sin saberlo, al propio ateísmo. El argumento de Socino era simple, según la doctrina católica el poder de Dios se da mediante la creación y está determina la inmortalidad del alma; y esto no lo comparte, pues en el libro del apocalipsis en el Nuevo Testamento se habla de la segunda muerte, la cual es el juicio final después de la primera, pues Socino se pregunta ¿Por qué torturar el alma y hacerla morir si es inmortal? ¿Torturar o destruirla? La respuesta de un piadoso cristiano, según él, era la de destruir o aniquilar (del nihil) regresar a la nada.

PARTE DOS: LA NEO-REACCIÓN

Quiero aquí realizar un esbozo de lo que ha venido señalándose como neo-reacción (en adelante NRX) y su relación y diferencias con el conservadurismo, reaccionarismo y por supuesto la Ilustración Oscura. Partiré de la idea de que el pensamiento neo-reaccionario suele confundirse con el pensamiento clásicamente reaccionario y conservador.

Todas estas posturas, cabe señalar, nacen como respuesta y consecuencia de las ideas planteadas y abrumadoramente desarrolladas y aplicadas en la modernidad, y principalmente desde la Revolución Francesa de 1789, y claro esta, desde antes, con las revoluciones liberales (Inglaterra y las 13 colonias). Estas ideas encuentran su cenit filosófico con Kant y su crítica a la razón pura, su cenit político con la derrota de los fascismos y establecimiento de las Naciones Unidas, su cenit económico con la Revolución Industrial y sus generaciones posteriores.

En primer término, las respuestas políticas y filosóficas contrarias a la modernidad y la ilustración se aglutinaron en dos tendencias: el conservadurismo y reaccionarismo, que de por sí ya se confunden. El conservadurismo es la derrota del antiguo orden, es la reacción apaciguada, pues se aceptan las ideas y poder del nuevo orden como el capitalismo, la técnica y la democracia, sin embargo, también es que encuentran resistencia al avance y progresismo de dichas ideas; es decir, acepta, pero no radicalizan. Se puede decir que los primeros conservadores fueron los propios revolucionarios burgueses del 1789, que, una vez decapitado el Rey, quedaron en el poder, pero sin ánimos de expandir la revolución más allá de la ideología burguesa, los más radicales les recriminaron esta idea —por ejemplo, Olympia de Gouges—, abogaron por más igualdad, más libertad. En fin, el conservador se limita a la igualdad legal y la libertad burguesa del mercado o propietario.

Por su lado, el reaccionarismo y lo reaccionario, no acepta ninguna idea moderna, ni el orden democrático, ni la laicidad, mercado, técnica, ni capitalismo; son opositores a la revolución, no quieren ni conservación ni cambios, sino "des-reformar" el orden político de la ilustración, para un reaccionario el orden ideal sería el antiguo régimen: la monarquía, horda o primitivismo, es decir, cualesquiera antes de la república moderna.

Es obvio, que el conservadurismo y reaccionarismo tienen ideas afines y se confunden tanto por partidarios y más aún por opositores, denostados como enemigos del progreso, sus diferencias serian de intensidad, no de identidad, sin embargo, un reaccionario no será de derecha (conservador) ni de izquierda (progresista) sino que estaría fuera del banquillo; el solo sentarse en él sería una derrota, ve como enemigos a ambos, pues ambos son modernos.

En este orden de ideas, con el cambio histórico, existieron subdivisiones y conforme se alcanzaron más conquistas liberales y aceptaron de conservadores, estos se vuelven neo-conservadores o reaccionarios conforme a su tiempo; pero, aunque el conservadurismo se adapta y trata de conservar lo que era, el reaccionarismo puro y duro siempre es el mismo: el antimoderno.

El NRX es una revisión y antítesis más potente del progresismo y el reaccionarismo, esto se da en primer término, porque la NRX va contra el "nuevo orden" que ya no es nuevo, sino actual. El mundo actual es el mundo del modernismo exacerbado, en el que la revolución triunfo, los NRX se diferencian de los reaccionarios, porque los primeros ya saben que no es posible dar marcha atrás, es patético pensar en la posibilidad de una "restauración".

Para los NRX tampoco aceptan el orden actual como los conservadores, rechazan el actual estado de cosas, pero sus propuestas van hacia adelante, a una superación, no una restauración. Por otro lado, los progresistas o revolucionarios pudieran compartir estas características, pero los revolucionarios aún quieren conservar propuestas del orden actual, los NRX ya no lo harán. La NRX quiero construir un orden nuevo basado en valores supra éticos, supra-morales y supra-humanistas.

En suma, podemos decir que la reacción quiere recuperar el viejo orden, el conservadurismo retener el orden actual, el progresismo deconstruir y fortalecer el orden actual, y la NRX construir algo totalmente nuevo. Las características de la NRX son las siguientes, con sus respectivas coincidencias:

NRX	PROGRESISMO	CONSERVADURISMO	REACCIONARISMO
Antidemocracia	NO	NO	SI
Progreso	SI	NO	NO
Antihumanismo	NO	NO	SI
Poscapitalismo	SI	NO	NO
Antirracionalismo	NO	NO	SI
Aristocracia	NO	NO	SI
Subversión	SI	NO	NO
Radicalismo	SI	NO	SI
Revolución	SI	NO	SI
Globalismo	SI	SI	NO

Como se puede observar, las coincidencias más recurrentes son entre el progresismo y reaccionarismo, y solo una con el conservadurismo, que sería su visión global. De esto, podremos sacar las siguientes conclusiones:

La NRX ve con más cautela las posiciones conservadoras que los progresistas y reaccionarios, pues el conservador es la inmovilidad. Sin embargo, no por ello, los NRX apoyan las tesis progresistas y reaccionarias, pues los NRX quieren un avance progresista hacia otra dirección y con otra velocidad, algo nuevo, no la radicalización humanista democrática del progresismo, ni tampoco, el regreso del orden antiguo de la reacción. Pero, al mismo tiempo, coincide totalmente con algunas ideas de la reacción, como la no democracia, la superación del capitalismo, y la sociedad jerarquizada.

La NRX es un concepto dialéctico sintético resultado del reaccionarismo puesto en conflicto con el progresismo y conservadurismo en un contexto contemporáneo. Con similitudes con lo que fue el fascismo entre el liberalismo, monarquismo y bolchevismo del siglo XX, hecho que muchos consideran un puente de unión entre el NRX y el fascismo como su nueva forma.

La NRX coincide con la visión del nuevo fascismo, pues también tiene sus raíces en un movimiento de aceleración del tiempo, así como el fascismo tuvo sus raíces en el futurismo. Sin embargo, la NRX es un concepto nuevo y fascinante y con características propias de su época, nuestra época, para ser exactos; y así como el fascismo exaltaba la guerra, la nación y la raza; la NRX exaltará el mundo digital, el nihilismo y el concepto de la tecnificación de la sociedad o aceleración tecnocapitalista. No obstante, ya profundizaremos en sus referentes como Moldbug (Yarvin) y Land, sobre sus respectivas obsesiones robóticas, *cyberpunks* y transhumanistas; o su nihilismo activo. Ahora nos interesa analizar su fuente filosófica, la ilustración oscura.

Parte tres: La Ilustración Oscura

Las fuentes de la NRX pueden ser económicas, políticas y filosóficas. Antes de comenzar a detallar a la Ilustración Oscura (en adelante como IL) como fuente de la NRX, debemos mencionar que las fuentes económicas y políticas pueden darse en mayor auge, así, que solo mencionaremos algunas: toma del poder de Donald Trump, ascenso de China como poder mundial, decadencia de occidente, hegemonía del internet y la instauración del metaverso. Estas fuentes no son absolutas y pueden ser superadas.

Bien, la IL es igual que su homóloga, la luminosa del siglo XVII, un todo que ahora abarca el despertar humano frente a dogmas del orden actual (que ya es viejo) principalmente el humanismo y la democracia, y así como la ilustración luminosa, la oscura bebe de muchas fuentes: el transhumanismo, el digitalismo, el nihilismo y el esteticismo son sus átomos.

El transhumanismo como rechazo al humanismo antropocéntrico, ateo y racionalista, frío y pobre; el digitalismo como nuevo paradigma místico, histórico, militar y tecnológico, futurista, el nihilismo como ontología más allá del hombre, mortífero, radical y heroico, no consumista y cómodo, sino combativo y necrófilo; y el esteticismo, es decir la visión bella de la vida, pasional, irracional, sagrado y emocional.

La ilustración oscura representa la otra cara del optimismo moderno burgués; si la modernidad subordino todo lo humano al consumo, destruyo lo inhumano en el humano, y nos dirigió hacia una positividad productora del consumismo; la IL debate la realidad actual, desentraña la realidad de la producción como gusto vacío y dirigido solamente al sol; la IL quiere el sol negro, muerto, oscuro y que ciega, quiere la tecnología para la superación del humano demasiado humano y para la creación del superhombre; quiere que el cosmos sea testigo de la muerte total, para hacer vivir la naturaleza, el templo de Satán, más allá de la vanidosa, patética, simple y pequeña visión humana; más allá de esa unidad racional vacía, incapaz de hacer nada ante el abismo. La IL tiene sus manifestaciones culturales puntuales como el *cyberpunk*, el aceleracionismo, el *islamofascismo*, el *xenofeminismo* y el antinatalismo, todas ellas también junto con la NRX. No todos los movimientos de la IL son parte de la NRX, así como no todos los movimientos modernos son democráticos; pero si es cierto la NRX nace de la IL. En los próximos años, el humanismo será simplemente una nota al pie de un gran cuadro de color negro. Viva la muerte, muera la inteligencia.

* La IL nace en oriente, a contraposición de occidente; los orígenes de la IL son paganos, germanos, indios, chinos y contraculturales; si la ilustración se rastrean el romanismo platónico, la IL nace del Corán, de Nietzsche y de Heráclito.

* Como dice Land, la IL Está destinada a reinar por dialéctica: nada humano llegara al futuro.

IX. La Camisa

Siempre me han gustado los colores, trato de encontrar la más profunda diversidad de ellos en mi entorno. Trato de buscarlos en libros, pinturas, lentes, cristales y joyas; por supuesto, siempre he vestido de colores. Me parece que el arcoíris es el fenómeno más incomprendido de esta tierra, pues para mí, no desentona, de ninguna forma, sus estrafalarias combinaciones. Soy, pues, un creyente del color. Desde hace ya algún tiempo, me he propuesto comenzar un ambicioso proyecto: atrapar todos los tonos. Voy a vestir una ceñida camisa blanca, en la cual plasmaré cada color que conozca, cada tono, incluso los secundarios, los metálicos, y los policromáticos. Ni la luz tendrá tantos tonos como mi camisa. Pero eso sí, no quiero, el color negro dentro de mis conquistas rehuyó a los malditos tonos obscuros.

Todos mis conocidos, que juzgan de extravagante, raro y excéntrico mi proyecto, coinciden, con la fobia al color negro; me cuentan historias, me dictaminan su diagnóstico sobre el lúgubre tono; Me cuentan que desde hace mucho o desde hace poco tiempo, ya nadie sabe con certeza, ese color trajo la muerte.

Lo más molesto del negro, es que infecta todo, lo ensucia absolutamente todo, por más colorido que el mundo se ponga, el negro sigue presente, su desenfreno está presente en todo tapiz, prenda, paisaje, incluso me atrevería a decir que la negrura se tiñe a nivel molecular, viral, casi genético.

Pero, aunque el blanco lo contraste, no creo que sea su contrario, pues los extremos parten de lo mismo y a lo mismo se dirigen. No, el blanco es pureza, paz, alivio y vida. Mi camisa blanca, por su pureza, es idónea para estallar en mil colores. Comencé a usar círculos azules, rojos y amarillos. Con el tiempo, estos se entremezclaron y mancharon finamente los tonos verdes, naranjas y morados. El marrón y la guinda llegaron después.

Me temo, que entre más colores llego a portar, más alejado del mundo estoy lo que en un principio tendría por misión acercarme y religarme con el prójimo, ahora, pareciese, volverme su bufón. Se burlaban por la indigesta mezcla, por la gran cantidad de colores portados en mi camisa, yo pienso, se sentían abrumados por tantos tonos portados y encimados unos tras otros.

Sinceramente, a las críticas no le tomo mucha importancia, yo sé, que, aunque se mofen, que todos serán multicolores en un futuro no muy lejano. Como lo mencioné, soy un creyente del color, como para no serlo, pues, debemos buscar la luz y la pureza, motivar a todos los demás, a ser como yo, vestir los colores. Sé que al final llegaré a mi objetivo de encarnar al gran arcoíris.

Sin embargo, me encuentro preocupado, ya que por más colores que agrego a la camisa, no logro alcanzar el objetivo, no veo similitud entre la tela y la paleta de colores que diviso en mi mente. Tengo que conseguir más diversidad, mezclar más, romper, diluir, experimentar, pero, ya no veo más colores, no hay los suficientes, soy tristemente un punto gris, sin más, un mediocre, tan jodidamente acabado como los demás.

He tomado más empeño en tan gloriosa empresa, veo que las burlas han parado, incluso, ahora han cambiado a una vergüenza, sorpresa, o pena ajena, a veces, veo sus miradas un tanto perturbadas, otras miradas, desdeñosas llenas de burla, algunas pocas de sincera inquietud o cabal miedo. No es el objetivo que quería, ahora me siento perseguido y señalado, no quería la denuncia, sino la admiración, para ser franco, ya no me importa, para ver la luz y el arcoíris solo mi ojo me basta. Yo mismo me basto.

Hoy por fin me siento satisfecho, no hay ningún tono, color o tinte más que agregar, ni espacio por ocupar en mi camisa, puedo por fin admirar todos los horizontes, toda la paleta completa, todos los colores, luces y sombras, que, al fin de cuentas, son todos los mundos y todas las almas. Hay un espejo en el fondo de la habitación y me dirijo frente a él. Veo mi reflejo, llevo mi camisa, y mi camisa es negra.

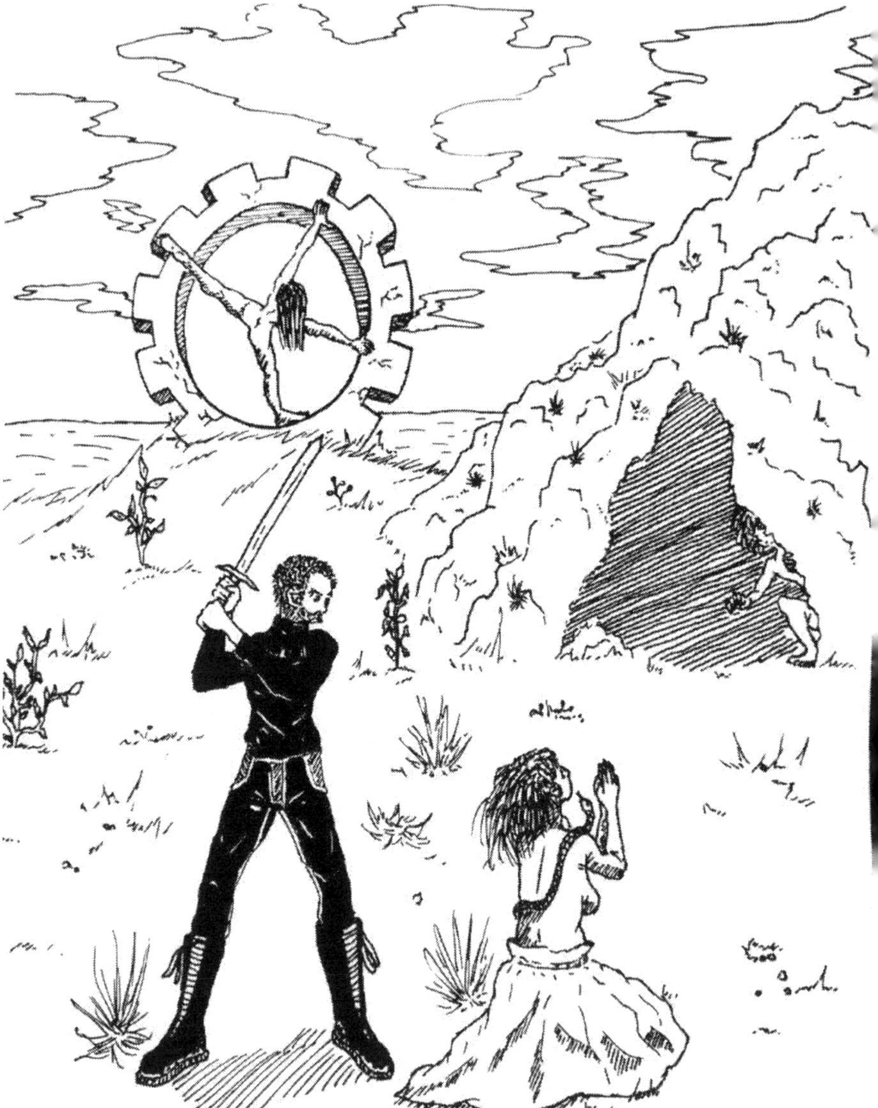

EPÍLOGO

Quiero agradecer a todos los camaradas que han influenciado la creación de este manuscrito. Por otro lado, agradecer admirar el trabajo que me ha motivado de Israel Torres, cuyo pensamiento blasfemo encuentro muy similar al mío, y a su vez su enorme esfuerzo y trabajo para la edición de este manuscrito.

De igual forma, agradecer las ilustraciones del artista Carlos Alberto González Sánchez, las cuales realizo de forma muy talentosa para este libro, el crédito de dichas piezas es todo suyo.

Agradecer también a un amigo muy íntimo, que me ha enseñado una infinidad de interesantes textos, dado muchos consejos, y he tenido el gusto de leer y admirar su basto talento de escritor; y es para mí un honor contar con su pluma en este epílogo: J. A. Arevalo Osuna.

Y para finalizar agradecer a la persona la cual, para mi es una fuente importante de todas mis reflexiones. Una digna representante de la hermosa belleza de esta tierra: Irlanda.

Muchas gracias, SyV 1611.

Viva la Muerte.

Made in the USA
Columbia, SC
15 March 2025